Agnes Fischl • Bernhard F. Klinger • Michael Lettl

Das Testament

Konkrete Anleitungen für alle Lebensmodelle
– vom Single bis zur Patchwork-Familie
Wie Sie Streit vermeiden
und Steuern sparen

Linde
international

stern

Bibliografische Information Der Deutschen Bibliothek

Die Deutsche Bibliothek verzeichnet diese Publikation in der Deutschen Nationalbibliografie; detaillierte bibliografische Daten sind im Internet über http://dnb.ddb.de abrufbar.

ISBN 978-3-7093-0264-4

Umschlag: *stern* und buero8

1210 Wien, Scheydgasse 24, Tel.: 0043/1/246 30

www.lindeverlag.at
www.lindeverlag.de
Druck: Hans Jentzsch & Co. GmbH., 1210 Wien, Scheydgasse 31
1

Inhalt

Vorwort

„Eigentlich müsste man ...“ – mit diesen Worten beginnen häufig Gespräche über das Testament. Eigentlich müsste man. Eigentlich. Nur wie? Nicht jetzt! Vielleicht im nächsten Urlaub. Zu sehr erinnert der letzte Wille an die eigene Vergänglichkeit, zu kompliziert ist die Materie.

Das sollte und muss aber nicht so sein: Ein Testament ist nicht nur für Senioren wichtig – sondern etwa auch für Paare ohne Trauschein, Patchworkfamilien, Geschiedene, für Eltern eines behinderten Kindes, aber auch für die ganz normale Familie mit Kindern.

Dieser *stern*-Ratgeber orientiert sich an diesen und vielen anderen Zielgruppen und Problemlagen. Er gibt für alle Lebenssituationen – bestimmt durch Familienstand, Berufstätigkeit und Nachkommen – die jeweils passenden Tipps und berücksichtigt sowohl die zu Jahresbeginn 2009 in Kraft getretene Erbschaftsteuerreform als auch die Reform des Erb- und Pflichtteilsrechts, die ab 1.1.2010 gilt.

Er erklärt in leicht verständlicher Sprache, wie der letzte Wille formuliert werden kann und welche Fehler beim Schreiben des Testaments drohen. Vollständige Mustertexte für Testamente sowie einzelne testamentarische Anordnungen zeigen, wie Erbrechtsspezialisten – denn genau das sind die Autoren – den Willen ihrer Mandanten in eindeutige Formulierungen gießen. Damit aus dem „Eigentlich müsste man ...“ ein „Endlich habe ich ...“ wird.

Mit diesem *stern*-Ratgeber wird Ihnen der entscheidende Schritt deutlich leichter fallen. Ich wünsche Ihnen dabei viel Erfolg.

Frank Thomsen

Chefredakteur *stern.de*

KAPITEL 1

Alleinstehende, ledige und kinderlose Personen

Wer auf ein eigenes Testament verzichtet, vererbt sein Vermögen an Verwandte. Bei kinderlosen Erblassern erben zunächst die Eltern und – falls diese bereits verstorben sind – die Geschwister oder entferntere Verwandte, nicht aber nahestehende Freunde und Bekannte. Eine ledige, kinderlose und alleinstehende Person kann aber per Testament einen oder mehrere „Wunscherben“ völlig frei bestimmen. Dabei ist allerdings zu beachten ist, dass die Eltern eines kinderlosen Erblassers von dem per Testament eingesetzten Erben ihren „Pflichtteil“ fordern können.

Auch „Singles“ sollten vorsorgen

Immer mehr Menschen sind alleinstehend und unverheiratet. Im Jahr 2005 zählten in Deutschland 4,4 Millionen Männer und etwa drei Millionen Frauen zu dieser Personengruppe. Demnach waren jeder zehn. Mann und jede 14. Frau alleinstehend und unverheiratet. Doch nur für einen Teil dieser Gruppe trifft die Klassifikation „alleinstehend und ledig“ auf Dauer zu. Viele Menschen leben zunächst alleine und ohne Bindung an einen Lebens- oder Ehepartner, etwa nach dem Auszug aus der elterlichen Wohnung, während des Studiums oder in den ersten Jahren der Berufstätigkeit. Auf das „Single-Dasein“ folgt meistens eine Phase der Partnerschaft, die nicht selten in eine Familienphase mit Kindern mündet.

Gesetzliche Erbfolge

Wer erbt ohne Testament?

Gesetzliche Erben einer ledigen und kinderlosen Person, die zum Beispiel bei einem Unfall, aufgrund einer Krankheit oder aus Altersgründen verstirbt, sind zunächst einmal die sogenannten Erben 2. Ordnung (§ 1925 BGB) – also die Eltern.

Der kinderlose Erblasser

Dies gilt auch für sprichwörtliche „Rabenmütter“ oder „Rabenväter“, die sich nie um ihre Kinder gekümmert oder nicht einmal Alimente gezahlt haben.

§ 1925 BGB Gesetzliche Erben zweiter Ordnung

(1) Gesetzliche Erben der zweiten Ordnung sind die Eltern des Erblassers und deren Abkömmlinge.

(2) Leben zur Zeit des Erbfalls die Eltern, so erben sie allein und zu gleichen Teilen.

(3) Lebt zur Zeit des Erbfalls der Vater oder die Mutter nicht mehr, so treten an die Stelle des Verstorbenen dessen Abkömmlinge nach den für die Beerbung in der ersten Ordnung geltenden Vorschriften. Sind Abkömmlinge nicht vorhanden, so erbt der überlebende Teil allein.

(4) In den Fällen des § 1756 sind das angenommene Kind und die Abkömmlinge der leiblichen Eltern oder des anderen Elternteils des Kindes im Verhältnis zueinander nicht Erben der zweiten Ordnung.

Nach dieser Bestimmung gelten folgende Regeln für die Erbfolge:

- Leben zum Zeitpunkt des Erbfalls beide Elternteile, so fällt ihnen jeweils die Hälfte des Nachlasses zu; die Geschwister des Erblassers gehen also leer aus.
- Lebt nur noch ein Elternteil, erhält er das halbe Erbe, der andere halbe Erbteil fällt an die Abkömmlinge des vorverstorbenen Vaters bzw. der vorverstorbenen Mutter, also an die Geschwister, Neffen oder Nichten des Erblassers.
- Sind keine Abkömmlinge des vorverstorbenen Elternteils vorhanden, dann erbt der überlebende Elternteil allein.

Das Testament

Ziele einer Nachlassplanung

Häufig entspricht es nicht dem Interesse einer alleinstehenden Person, entfernten und unbekannten Verwandten ein Vermögen zukommen zu lassen. Bei der Nachlassplanung ist es möglich, ganz andere Ziele zu realisieren:

- Die Auflösung der eigenen Wohnung soll federführend von einem engen Freund in Zusammenarbeit mit anderen Vertrauten erfolgen. Sie soll nicht von entfernten Verwandten oder einem privaten Anbieter von Wohnungsauflösungen durchgeführt werden.
- Bestimmte Wertgegenstände oder Vermögensbestandteile sollen einzelnen Personen oder Institutionen (Museum, Archiv, Verband, Verein) übereignet werden, die damit etwas anfangen können.
- Die besten Freundinnen und Freunde sollen einen Dank für langjährige Freundschaft, Unterstützung und Pflegeleistungen erhalten.
- Bestimmte Personen aus der Verwandtschaft, zum Beispiel behinderte Menschen oder Bedürftige, sollen finanziell abgesichert werden.
- Verwandte, die auf finanzielle Zuwendungen nicht angewiesen sind, sollen kein Erbe erhalten.
- Für die Grabpflege soll eine bestimmte Person verantwortlich sein und jährlich einen hierfür definierten Geldbetrag erhalten.
- Eine Stiftung, eine Universität, ein Krankenhaus, eine Kindereinrichtung oder ein Tierheim soll eine einmalige Zuwendung erhalten.
- Hund, Katze, Kanarienvogel sollen eine neue Bleibe finden.

Individuelle Regelungen

Manche Personen haben ein besonderes Interesse an individuellen Regelungen:

- So wird es im Interesse eines Unternehmers liegen, dafür zu sorgen, dass das Unternehmen auch nach dem eigenen Tod problemlos weitergeführt werden kann (siehe Kapitel 11).
- Ein berühmter Musiker möchte, dass hochwertige Instrumente sowie Noten aus seinem Besitz erneut begabten und befreundeten Musikern zugänglich gemacht werden.

- Ein Schriftsteller wird Wert darauf legen, dass eine Person seines Vertrauens seine Bücher und andere Dokumente wie Briefe oder Skizzen verwaltet, vernichtet oder herausgibt.

Der Inhalt eines Testaments

Aufbau eines Testaments

Ein Testament sollte folgenden Aufbau aufweisen:

1. Einsetzung einer oder mehrerer Personen als Erben
2. Bestimmung eines Ersatzerben, der nach dem Tod des zuerst benannten Erben zum Zuge kommen soll
3. Zuwendung einzelner Vermögenswerte als Vermächtnis
4. Auflagen für den Erben oder Vermächtnisnehmer
5. Einsetzung eines Testamentsvollstreckers zur Auseinandersetzung oder Verwaltung des Nachlasses

Formulierungsvorschlag

Eine alleinlebende, kinderlose Person möchte einen langjährigen Freund von Todes wegen bedenken, einige Geldvermächtnisse anordnen, die Grabpflege regeln und einen Testamentsvollstrecker einsetzen. Ihr Testament könnte wie folgt lauten:

Mein letzter Wille

1. Zu meinem alleinigen Erben setze ich, Max Moormann, geboren am 16.5.1956, derzeit wohnhaft in 80798 München, Augustenstraße 10, meinen Freund, Anton Mayer, geboren am 18.8.1958, derzeit wohnhaft in 81677 München, Mühlbaurstraße 1, ein.

   Sollte Herr Anton Mayer zum Zeitpunkt meines Todes schon verstorben sein, so bestimme ich als Ersatzerbin meine Nichte Gabriele Koch, geboren am 23.5.1978, derzeit wohnhaft in 80799 München, Schellingstraße 3.

2. Im Wege des Vermächtnisses erhalten aus meinem Nachlass jeweils einen Geldbetrag von 10.000 Euro

- meine Schwester Magdalena Müller, geboren am 24.11.1956, derzeit wohnhaft in 80336 München, Lessingstraße 3,
- die Technische Universität München,
- das Max-Planck-Institut für Plasmaphysik,
- der Sportverein Unterhaching.

Ersatzvermächtnisnehmer bestimme ich ausdrücklich nicht.

3. Meinen Erben belaste ich mit der Auflage, meine Grabstätte für die Dauer der vollen Ruhezeit zu pflegen und zu unterhalten.

4. Ich ordne Testamentsvollstreckung an. Der Testamentsvollstrecker hat die Aufgabe, meine oben im Testament genannten Anordnungen auszuführen und den Nachlass abzuwickeln. Zum Testamentsvollstrecker bestimme ich Herrn Rechtsanwalt Klaus Klug, mit Kanzleisitz in 80538 München, Widenmayerstraße 28. Ein etwaiger Ersatztestamentsvollstrecker soll durch den Vorstand des Netzwerks Deutscher Testamentsvollstrecker e.V. (www.NDTV.info) bestimmt werden. Die Vergütung des Testamentsvollstreckers soll sich nach den Empfehlungen des Deutschen Notarvereins richten.

München, den 1.8.2009 Max Moormann

Das Pflichtteilsrisiko

Pflichtteilshaftung beachten

Bei der Testamentsgestaltung ist zu beachten: Das Pflichtteilsrecht kann individuelle Regelungen aushebeln, so dass beispielsweise Eltern, die enterbt wurden, dennoch einen Teil des Nachlasses in Geld erhalten. Angenommen, der Sohn hat als Sportler in wenigen Jahren über Verträge, Siegprämien und Werbeeinnahmen vier Millionen Euro erwirtschaftet und stirbt im Alter von 38 Jahren plötzlich und unerwartet an einer heimtückischen Krankheit: Auch wenn er sein Vermögen testamentarisch seiner Freundin vererbt hat, können die enterbten Eltern Anspruch auf den Pflichtteil erheben und so jeweils eine Million Euro erhalten. Der

Freundin bleiben lediglich zwei Millionen Euro, die noch durch Erbschaftsteuern erheblich geschmälert werden.

Die naheliegende Strategie, die gesetzliche Erbfolge mittels Schenkungen noch zu Lebzeiten auszuhebeln, ist nicht in jedem Fall von Erfolg gekrönt. Liegt die Schenkung zum Zeitpunkt des Todes noch keine zehn Jahre zurück, können die gesetzlichen Erben sogenannte „Pflichtteilsergänzungsansprüche“ geltend machen.

Einzelheiten zum Pflichtteilsrecht und zur Erb- und Pflichtteilsreform finden Sie auf Seite 147 in Kapitel 16.

Tipp vom Steuerberater

Verlierer der Steuerreform

Bei der Testamentsgestaltung sollten immer auch die erbschaftsteuerlichen Auswirkungen berücksichtigt werden. Der Gesetzgeber hat mit Wirkung zum 1. Januar 2009 das Erbschaftsteuer- und Bewertungsrecht neu geregelt. Die großen Verlierer dieser Erbschaftsteuerreform sind Geschwister, Neffen und Nichten sowie Personen, die mit dem Erblasser nicht verwandt sind. Es wurden zwar die bisherigen Steuerfreibeträge von 10.300 Euro bzw. 5.200 Euro auf 20.000 Euro erhöht, gleichzeitig wurden aber auch die Steuersätze auf 30 bzw. 50 Prozent angehoben, so dass diese Personen in der Regel eine deutlich höhere Erbschaftsteuer zu zahlen haben. Da Nachlassimmobilien nach dem neuen Recht nicht mehr nach dem niedrigen Bedarfswert, sondern nach dem viel höheren Verkehrswert besteuert werden, kommt es zu einer zusätzlichen Erhöhung der Steuerlast. Einen Überblick zu den Erbschaftsteuerfreibeträgen und den Steuertarifen finden Sie im Anhang auf Seite 159.

Wer sich über die steuerlichen Folgen einer Erbeinsetzung oder Vermächtnisanordnung informieren will, sollte vor Errichtung eines Testamentes einen Steuerberater einschalten. Sonst droht die Gefahr, dass zum Beispiel zur Tilgung der Steuerlast eine Nachlassimmobilie völlig unnötig und unter Zeitdruck verkauft werden muss.

KAPITEL 2

Kinderlose Partner ohne Trauschein

Versorgungslücken bei „wilden Ehen"

Wer die Vorzüge einer „wilden Ehe" genießt, ist gut beraten, sich rechtzeitig mit den Versorgungslücken zu beschäftigen, die dem überlebenden Partner nach einem Todesfall das Leben schwer machen können. Denn erb- und steuerrechtlich ist der überlebende Partner im Vergleich zu einem verwitweten Ehepartner stark benachteiligt.

Im Jahr 2005 lebten in Deutschland rund 1,4 Millionen kinderlose Paare ohne Trauschein zusammen – Tendenz steigend. Es sind vor allem junge Leute ab 20, darunter zahlreiche Studentinnen und Studenten, die aus verschiedenen Gründen für eine längere Lebensphase, nicht selten bis zum Alter von 40 Jahren, weder vor einen Traualtar noch vor einen Standesbeamten treten. In einem Fall ist die Beziehung nicht gefestigt, im anderen Fall verzichtet man aus finanziellen Gründen auf die teure Hochzeit und kriegerische Scheidungsauseinandersetzungen.

Die Nachteile einer wilden Ehe

Heiraten bringt Vorteile

Allerdings nehmen Partner ohne Trauschein im Vergleich zu Ehepartnern deutliche Nachteile in Kauf. Schon während der Partnerschaft verzichten sie auf den Vorteil des Ehegattensplittings, das bei der nicht gerade seltenen Kombination eines hohen und eines kleinen Einkommens die Steuerlast deutlich minimiert. Noch stärker machen sich die Nachteile bemerkbar, wenn ein Partner bei einem Unfall, durch eine Erkrankung oder aus Altersgründen ums Leben kommt. Der überlebende Partner hat in diesem Fall keinerlei Anspruch auf Witwen- oder Witwerrente, die bei Eheleuten im Todesfall gezahlt wird. Auch bei der Altersrente geht der unverheiratete

Partner leer aus, mag die wilde Ehe noch so lange bestanden haben.

Der überlebende Lebenspartner ist auch nicht automatisch Erbe des Vermögens, das der verstorbene Partner hinterlässt. Im Gegenteil: Ein lediger Partner ohne eigenes Kind wird von seinen Eltern beerbt. Sind die Eltern bereits verstorben, erben deren Abkömmlinge, also die Geschwister des Verstorbenen oder andere entfernte Verwandte wie Tanten, Onkel, Neffen oder Nichten. Im Einzelfall kann es sich dabei um eine illustre Erbengemeinschaft handeln, mit der sich nun der trauernde Lebenspartner auseinanderzusetzen hat. Haben die Lebenspartner während der gemeinsamen Zeit einen Haushalt gegründet, eine Eigentumswohnung und ein Auto gekauft, gehören die Wertgegenstände nun plötzlich anteilig den Erben, die der überlebende Partner nicht einmal kennen muss. Hat etwa der verstorbene Lebenspartner aufgrund seines höheren Einkommens deutlich mehr für gemeinsame Anschaffungen bezahlt, dann muss der überlebende Partner nahezu das gesamte gefühlte gemeinsame Eigentum den rechtmäßigen Erben überlassen.

Eltern erben

Was können Partner ohne Trauschein tun?

Aus diesen Gründen ist es für Lebenspartner ohne Trauschein empfehlenswert, mit einem Testament für den anderen Partner vorzusorgen. Eine „letztwillige Verfügung“ verbessert die Rechtslage für den überlebenden Partner deutlich, sie kann ihn jedoch nicht mit einem Ehepartner gleichstellen.

Die rechtlich stärkste Position erhält der Lebenspartner, wenn er testamentarisch als Alleinerbe eingesetzt wird. Er ist dann Gesamtrechtsnachfolger des Verstorbenen und kann damit frei über die Nachlassgegenstände verfügen. Allerdings muss er auch für etwaige Verbindlichkeiten, zum Beispiel Bank- oder Steuerschulden des Verstorbenen, eintreten. Übersteigen

Am besten Alleinerbe

die Schulden und Verbindlichkeiten eines Lebenspartners den Wert seines Vermögens, ist daher von der Alleinerben-Einsetzung des Partners abzuraten.

Formulierungsvorschlag „Der Lebenspartner wird Alleinerbe"

Die Lebensgefährtin soll das gesamte Vermögen des Verstorbenen erhalten und sich auch um die Nachlassabwicklung kümmern. In diesem Fall empfiehlt sich folgende einfache letztwillige Verfügung, die jeder Partner selbst schreiben kann, keinen müden Cent kostet und zu 100 Prozent rechtliche Wirksamkeit entfaltet:

Mein letzter Wille

Zu meiner alleinigen Vollerbin setze ich, Max Moormann, geboren am 16.5.1956, derzeit wohnhaft in 80798 München, Augustenstraße 10, meine Lebensgefährtin Anna Lustig, geboren am 20.6.1960, ein.

Einen Ersatzerben bestimme ich ausdrücklich nicht.

München, den 1.8.2009 Max Moormann

Das Pflichtteilsrisiko

Pflichtteil der Eltern beachten

Bei ledigen kinderlosen Partnern ist das Pflichtteilsrecht zu beachten. Hinterlässt ein verstorbener Sohn zum Beispiel ein Vermögen in Höhe von rund 100.000 Euro (Auto, Bausparvertrag, Bargeld), so können die pflichtteilsberechtigten Eltern die Hälfte als Pflichtteil fordern. Der überlebende Partner muss sofort nach dem Erbfall einen Betrag von 50.000 Euro in bar auszahlen. Vor allem dann, wenn er selbst kein eigenes Vermögen hat, kann er durch die Zahlungspflicht in erhebliche Schwierigkeiten geraten.

Einzelheiten zum Pflichtteilsrecht und zur Erb- und Pflichtteilsreform finden Sie auf Seite 147 in Kapitel 16.

Vermächtnis

Versorgung durch Vermächtnis

Wer seinen Lebenspartner nicht als Erben einsetzen möchte, kann ihn durch ein sogenanntes Vermächtnis wirtschaftlich absichern. Gegenstand eines Vermächtnisses kann zum Beispiel eine Eigentumswohnung, ein Nießbrauchsrecht, ein Wohnrecht, eine Leibrente oder ein fester Geldbetrag sein. Die gesetzlichen oder testamentarischen Erben des Verstorbenen müssen sich dann um die gesamte Nachlassabwicklung kümmern; der Vermächtnisnehmer hat mit diesen Aufgaben, insbesondere mit einer etwaigen Schuldenhaftung, nichts zu tun.

Formulierungsvorschlag „Der Lebenspartner erhält Vermächtnisse"

Der Lebenspartner soll nicht Erbe sein, sondern nur vermächtnisweise das Wohnrecht an einer Eigentumswohnung und einen festen Geldbetrag erhalten. Hier kann wie folgt testiert werden:

Mein letzter Wille

1. Zu meinen Erben setze ich, Max Moormann, geboren am 16.5.1956, derzeit wohnhaft in 80798 München, Augustenstr. 10, meine Schwester und meinen Bruder zu gleichen Teilen ein.

2 Meiner Lebensgefährtin, Anna Lustig, geboren am 20.6.1960, vermache ich im Wege eines Vermächtnisses ein lebenslanges Wohnrecht an meiner Immobilie in 80799 München, Schellingstraße 12, sowie einen Geldbetrag in Höhe von 50.000 Euro.

München, den 1.8.2009 Max Moormann

Testament oder Erbvertrag?

Ein Paar ohne Trauschein, das gemeinsam die letzten Dinge regeln will, sollte sich darüber im Klaren sein, dass Einzeltestamente, die jeweils den anderen Lebenspartner als Erben oder Vermächtnisnehmer einsetzen, jederzeit einseitig widerrufen werden können, ohne dass der andere Lebenspartner hiervon erfahren muss. Wünschen die Lebenspartner, dass die letztwillige Verfügung sowohl vor als auch nach dem ersten Erbfall bindend ist, also nicht mehr von einer Seite widerrufen werden kann, so bleibt hier nur der Weg, über einen Notar einen beurkundeten Erbvertrag abzuschließen. Diesen Erbvertrag können die Lebenspartner nur zu Lebzeiten gemeinsam aufheben. Ein gemeinschaftliches Testament, bei dem mit dem ersten Erbfall der länger lebende Partner gebunden ist, also nach dem Tod des Partners nicht mehr widerrufen kann, kann nur von Eheleuten und gleichgeschlechtlichen eingetragenen Lebenspartnern errichtet werden. Für Paare ohne Trauschein stellt sich deshalb nur die Alternative, in zwei unabhängig voneinander widerrufbaren Einzeltestamenten zu testieren oder beim Notar einen Erbvertrag zu errichten. In letzterem Fall empfiehlt es sich, einen „Widerrufsvorbehalt" für den Fall des Scheiterns der nichtehelichen Lebensgemeinschaft aufzunehmen.

Gemeinschaftliches Testament nur für Eheleute

Besondere Vorsicht ist bei der Errichtung einer letztwilligen Verfügung geboten, wenn einer der Lebenspartner verwitwet ist und mit seinem verstorbenen Ehegatten ein gemeinschaftliches Testament errichtet hat. Ehegattentestamente werden mit dem ersten Erbfall für den länger lebenden Partner bindend, es sei denn, die Eheleute haben in das Testament einen sogenannten „Abänderungsvorbehalt" aufgenommen. Vor der Errichtung eines Testaments muss eine Witwe oder ein Witwer also immer ein früheres Ehegattentestament von einem Erbrechtsexperten überprüfen lassen. Ansonsten besteht das Risiko, dass die Absicherung der neuen Partnerin oder des neuen Lebensgefährten fehlschlägt.

Ehegattentestamente sind bindend

Die Erbschaftsteuerbelastung

Geringer Freibetrag von Lebenspartnern

Zu beachten ist immer, dass ein erbender Lebenspartner nur einen sehr geringen Erbschaftsteuerfreibetrag in Höhe von 20.000 Euro geltend machen kann. Während der Freibetrag eines Ehegatten seit dem 1.1.2009 in Höhe von 500.000 Euro ein ganz beachtliches Vermögen vor dem Zugriff des Finanzamts schützt, muss der Lebenspartner schon das ererbte Vermögen, das den Freibetrag von 20.000 Euro übersteigt, mit dem Staat teilen.

Adoption senkt Steuerlast

Die Steuerlast ist auch zu beachten, wenn die Kinder des anderen Lebenspartners als Erben oder Vermächtnisnehmer begünstigt werden sollen. Auch hier bestehen nur Freibeträge in Höhe von 20.000 Euro pro Kind und hohe Steuersätze von 30 Prozent und mehr. Die Steuerbelastung kann im Einzelfall durch eine Adoption dieser Kinder reduziert werden, dies setzt aber voraus, dass zwischen dem Lebenspartner und den Kindern des anderen Lebenspartners ein sogenanntes Eltern-Kind-Verhältnis entstanden ist. Diese Voraussetzung wird im Rahmen des Adoptionsverfahrens vom Vormundschaftsgericht überprüft. Nach erfolgreicher Adoption kommen die Kinder in den Genuss eines Erbschaftsteuerfreibetrags von jeweils 400.000 Euro und deutlich niedrigeren Erbschaftsteuersätzen.

Einen Überblick über die Erbschaftsteuerfreibeträge und die Steuertarife finden Sie im Anhang auf Seite 159.

Tipp vom Fachanwalt für Erbrecht

Steuern sparen durch Heirat

Vor allem dann, wenn Lebenspartner über ein erhebliches Vermögen verfügen, sollten sie daran denken, den anderen Partner in geeigneter Weise finanziell abzusichern. Die preisgünstigste Variante ist der Gang zum Standesamt; denn ein Testament kann zwar Härten abmildern, jedoch weder Pflichtteilsansprüche noch Steuerlasten minimieren.

KAPITEL 3

Das Ehepaar ohne Kinder

Im Jahr 2005 lebten in Deutschland 9,7 Millionen Ehepaare ohne Kinder in einem Haushalt zusammen – die Zahl überstieg sogar die Zahl der Ehepaare mit Kindern (9,3 Millionen). Ehepartner ohne Kinder nehmen oft an, dass nach dem Tod des Ehemanns oder der Ehefrau der länger lebende Partner bei gesetzlicher Erbfolge alleiniger Erbe wird. Das ist jedoch nur ausnahmsweise der Fall. In der Regel entsteht eine Erbengemeinschaft zwischen dem Witwer bzw. der Witwe einerseits und den Eltern bzw. Geschwistern des Verstorbenen andererseits. Alleinerbe wird der länger lebende Ehepartner nur dann, wenn dies in einem Testament von einem oder beiden Partnern ausdrücklich so angeordnet wurde.

Witwe bzw. Witwer wird nicht Alleinerbe

Viele Ehepaare gehen davon aus, dass mit der Eheschließung automatisch kraft Gesetzes gemeinsames Eigentum entsteht. Dem ist aber nicht so: Das Vermögen des Ehemanns und der Ehefrau bleibt beim gesetzlichen Güterstand der Zugewinngemeinschaft rechtlich getrennt, und zwar unabhängig davon, ob es der jeweilige Ehegatte vor oder nach der Eheschließung erworben hat.

Kein gemeinsames Vermögen

Aufgrund dieser falschen Annahmen – Alleinerbenstellung des länger lebenden Ehegatten bzw. Miteigentum aufgrund der Eheschließung – ist vielen Ehepaaren nicht bewusst, wie notwendig die Errichtung einer letztwilligen Verfügung für die Absicherung im Erbfall ist.

Gesetzliche Erbfolge

Wer gesetzlicher Erbe des verstorbenen, kinderlosen Ehegatten wird, bestimmt sich nach folgenden Paragraphen des BGB:

§ 1931 Gesetzliches Erbrecht des Ehegatten

(1) Der überlebende Ehegatte des Erblassers ist (...) neben Verwandten der zweiten Ordnung oder neben Großeltern zur Hälfte der Erbschaft als gesetzlicher Erbe berufen. (...)

(2) Sind weder Verwandte der ersten oder der zweiten Ordnung noch Großeltern vorhanden, so erhält der überlebende Ehegatte die ganze Erbschaft.

(3) Die Vorschrift des § 1371 bleibt unberührt.

§ 1371 Zugewinnausgleich im Todesfall

(1) Wird der Güterstand durch den Tod eines Ehegatten beendet, so wird der Ausgleich des Zugewinns dadurch verwirklicht, dass sich der gesetzliche Erbteil des überlebenden Ehegatten um ein Viertel der Erbschaft erhöht; hierbei ist unerheblich, ob die Ehegatten im einzelnen Falle einen Zugewinn erzielt haben.

(2) ...

(3) ...

(4) ...

Gesetzliches Erbrecht des Ehegatten

Nach diesen Bestimmungen gelten folgende Regeln für die Erbfolge bei kinderlosen Ehegatten:

- Dem länger lebenden Ehegatten fällt zunächst die Hälfte der Erbschaft zu.
- Bestand zum Zeitpunkt des Erbfalls der gesetzliche Güterstand, also Zugewinngemeinschaft, erhöht sich dieser Erbteil um ein weiteres Viertel.
- Der restliche Nachlass fällt an die Verwandten, in der Regel die Eltern des Erblassers.
- Nur dann, wenn weder Verwandte der ersten oder der zweiten Ordnung (Eltern, Geschwister, Neffen/Nichten) noch Großeltern vorhanden sind, erhält der überlebende Ehepartner die ganze Erbschaft.

BEISPIEL

Das Ehepaar Max und Frauke Moormann hat keine Kinder und lebt – da es keinen notariellen Ehevertrag errichtet hat – im gesetzlichen Güterstand der Zugewinngemeinschaft. Ein Testament wurde bisher nicht errichtet. Die Eltern und Großeltern von Max sind bereits verstorben, er hat auch keine Geschwister. Frauke beerbt daher ganz allein ihren Mann, sofern er zuerst stirbt.

Völlig anders stellt sich jedoch die Erbfolge dar, wenn Frauke vor Max stirbt. Die Eltern von Frauke leben nämlich bei bester Gesundheit, außerdem hat Frauke zwei Schwestern. Max erhält als gesetzlichen Erbteil drei Viertel des Nachlasses; das restliche Viertel fällt den Eltern von Frauke zu gleichen Teilen zu. Diese Erbengemeinschaft – bestehend aus Max und dessen Schwiegereltern – erschwert die Nachlassverwaltung und den Verkauf von Nachlassgegenständen erheblich. Max und seine Schwiegereltern können sich bereits seit Jahren auseinandergelebt und eine tiefe wechselseitige Abneigung entwickelt haben und damit für schwere Auseinandersetzungen in der Erbengemeinschaft bestens vorbereitet sein. Noch schwieriger wird die Situation, wenn zum Beispiel der Vater von Frauke bereits verstorben ist. Dann würde das auf den Vater entfallende Achtel an die zwei Schwestern von Frauke fallen. Max müsste dann alle Entscheidungen innerhalb der Erbengemeinschaft nicht nur mit seiner Schwiegermutter, sondern auch mit seinen beiden Schwägerinnen abstimmen.

Nachteile der gesetzlichen Erbfolge

Die gesetzliche Erbfolge führt in nahezu allen Fällen zu einer Mehrheit von Erben, einer sogenannten Erbengemeinschaft, die besonderen Regelungen unterliegt:

Zwang zur Einstimmigkeit

- Grundlegende Entscheidungen können von den Miterben nur einstimmig getroffen werden. Dies gilt etwa für den Verkauf einer Nachlassimmobilie oder die Kreditbeschaffung und die damit verbundene Belastung der Nachlassimmobilie mit einer Grundschuld. Obwohl der länger lebende Ehegatte mit seiner Erbquote von drei Vierteln die Mehrheit innerhalb der Erbengemeinschaft bildet, kann er ohne Mitwirkung der anderen Miterben nicht über eine Verwertung von Nachlassgegenständen entscheiden.

Kein Recht zur Alleinnutzung

- Auch dann, wenn keine Nachlassimmobilie veräußert werden soll, kann es zu Problemen zwischen der Witwe bzw. dem Witwer und den anderen Miterben kommen. Möchte zum Beispiel die Witwe das Haus oder die Eigentumswohnung, die im Eigentum ihres verstorbenen Ehemannes gestanden hat, nach dem Erbfall weiter alleine nutzen, können die Miterben, denen auch anteiliges Eigentum in Höhe eines Viertels hieran zusteht, 25 Prozent der ortsüblichen Miete als Nutzungsentschädigung verlangen. Kann die Witwe diese anteilige Miete nicht aufbringen, bleibt ihr nichts anderes übrig, als aus der Nachlassimmobilie auszuziehen und diese zu vermieten oder zu verkaufen. Gerade bei älteren Personen können hier die Miterben ein erhebliches Druckpotenzial nutzen, um die Witwe – häufig gegen ihren Willen – zu bewegen, aus dem „Familienwohnheim" in eine kleine Wohnung, ein Seniorenheim oder eine Pflegeeinrichtung umzuziehen.

Gefahr der Teilungsversteigerung

- Die Probleme bei der Verwaltung des Nachlasses führen unter den Miterben nicht selten zu nachhaltigem Streit. In dieser Situation zeigt sich nun die größte Gefahr der Erbengemeinschaft: Jeder Miterbe kann jederzeit, sogar ohne triftigen Grund, verlangen, dass der Nachlass geteilt wird. Bei Geld oder Aktien ist dies in der Regel ohne Probleme möglich. Nachlassimmobilien oder andere unteilbare Gegenständen müssen jedoch zuerst „versilbert" werden. Dies geschieht durch eine sogenannte Teilungsversteigerung, die jeder Miterbe auch gegen den Willen der anderen Mitglieder der Erbengemeinschaft beim Vollstreckungsgericht beantragen kann. Teilungsversteigerungen verursachen nicht nur Verfahrens- und Gutachterkosten, sondern führen oft auch dazu, dass etwa zu einem ungünstigen Zeitpunkt ein Erlös erzielt wird, der deutlich unter dem normalerweise erzielbaren Verkehrswert der Immobilie liegt. Den größten wirtschaftlichen Schaden trägt dann der Miterbe mit der höchsten Erbquote, also die Witwe oder der Witwer.

Tipp vom Fachanwalt für Erbrecht

Ein Ehepaar ohne Kinder kann die Nachteile der gesetzlichen Erbfolge nur dadurch vermeiden, dass es in einem Testament den jeweils anderen Ehegatten als Alleinerben einsetzt. Die Folge: Nach dem Erbfall kann der länger lebende Partner über das Vermögen des verstorbenen Partners alleine verfügen und alleine über die Verwaltung und den Verkauf von Nachlassgegenständen entscheiden.

Streitvermeidung durch Testament

Das Testament von Eheleuten

Formulierungsvorschlag „Das Einzeltestament eines Ehepartners ohne Kinder"

Ein Ehemann, der das zweite Mal verheiratet ist und keine eigenen Kinder hat, möchte seine Ehefrau für den Erbfall umfassend absichern und einigen Verwandten ein Vermächtnis zuwenden. Er könnte im Rahmen eines Einzeltestamentes wie folgt verfügen:

Einzeln testieren

Mein letzter Wille

1. Zu meiner alleinigen Vollerbin setze ich, Max Moormann, geboren am 16.5.1956, derzeit wohnhaft in 80798 München, Augustenstr. 10, meine Ehefrau Frauke Moormann, geboren am 10.8.1960, ein.

   Als Ersatzerben bestimme ich meinen Bruder Hans Moormann, geboren am 9.11.1958.

2. Im Wege des Vermächtnisses vermache ich meinem Bruder Hans Moormann einen Geldbetrag von 50.000 Euro und meinem Neffen Stefan Moormann mein Segelboot am Ammersee. Ersatzvermächtnisnehmer bestimme ich ausdrücklich nicht.

3. Ich wünsche Erdbestattung und belaste meinen Erben mit der Auflage, meine Grabstätte für die Dauer der vollen Ruhezeit zu pflegen und zu unterhalten.

München, den 1.8.2009 Max Moormann

Formulierungsvorschlag „Das gemeinschaftliche Testament von kinderlosen Ehepaaren"

Gemeinsam testieren

Möchte nicht nur ein Ehegatte, sondern das Ehepaar gemeinsam für den Erbfall vorsorgen, empfiehlt sich ein sogenanntes gemeinschaftliches Ehegattentestament: Wer Erbe im zweiten Erbfall wird, können die Eheleute frei entscheiden. Dies können etwa die Verwandten der Eheleute oder eine karitative Vereinigung sein. Das Ehepaar könnte wie folgt testieren:

1. Verfügung für den ersten Todesfall

a) Wir, die Eheleute Max und Frauke Moormann, setzen uns gegenseitig zum alleinigen Vollerben unseres gesamten Vermögens ein.

b) Sollte ich, Max Moormann, der Erstversterbende sein, erhält mein Bruder Hans Moormann im Wege des Vermächtnisses einen Geldbetrag von 50.000 Euro und mein Neffe Stefan Moormann mein Segelboot am Starnberger See.

c) Sollte ich, Frauke Moormann, die Erstversterbende sein, wende ich meinen gesamten Schmuck im Wege des Vermächtnisses meiner Nichte Nina Neumann zu.

d) Ersatzvermächtnisnehmer bestimmen wir ausdrücklich nicht.

2. Verfügung für den zweiten Todesfall

a) Schlusserben beim Tod des Überlebenden von uns sind die Geschwister des Ehemannes und der Ehefrau zu gleichen Teilen.

b) Zu Ersatzerben berufen wir die Abkömmlinge des jeweiligen Verwandten nach gesetzlicher Erbfolgeordnung, wiederum ersatzweise tritt Anwachsung ein.

3. Auflagen
a) Ich, Max Moormann, wünsche Erdbestattung.
b) Ich, Frauke Moormann, wünsche Feuerbestattung.

München, den 1.8.2009 Max Moormann

Dies ist auch mein letzter Wille
München, den 1.8.2009 Frauke Moormann

Die Form eines gemeinschaftlichen Testaments

Notariell oder handschriftlich

Ehegatten können ein gemeinschaftliches Testament sowohl in notarieller als auch privatschriftlicher Form errichten. In letzterem Fall ist es ausreichend, wenn einer der Eheleute den Text mit der Hand schreibt und dann beide Eheleute mit Ort, Datum, Vor- und Familiennamen unterzeichnen.

Besondere Vorsicht ist geboten, wenn nicht beide Eheleute die deutsche Staatsangehörigkeit besitzen. Einige ausländische Erbrechtsordnungen, wie etwa in romanischen Staaten, verbieten die Errichtung eines gemeinschaftlichen Testamentes; zulässig sind dort nur Einzeltestamente. Wenn also zum Beispiel ein deutscher Ehemann mit einer Ehefrau mit italienischer oder spanischer Staatsangehörigkeit korrekte testamentarische Verfügungen treffen möchte, kommt es ganz wesentlich auf die Beratung durch einen Erbrechtsexperten an, der sich in dieser internationalen Thematik auskennt.

Das Pflichtteilsrisiko

Eltern haben Anspruch auf Pflichtteil

Kinderlose Ehepaare, die durch Testament den anderen Ehegatten zum Alleinerben einsetzen, müssen beachten, dass Eltern, die zum Zeitpunkt des Todesfalls noch leben, einen Anspruch auf einen Pflichtteil am Nachlass des verstorbenen Sohnes bzw. der verstorbenen Tochter geltend machen können (§ 2303 Abs. 2 BGB).

§ 2303 Pflichtteilsberechtigte; Höhe des Pflichtteils

(1) Ist ein Abkömmling des Erblassers durch Verfügung von Todes wegen von der Erbfolge ausgeschlossen, so kann er von dem Erben den Pflichtteil verlangen. Der Pflichtteil besteht in der Hälfte des Wertes des gesetzlichen Erbteils.

(2) Das gleiche Recht steht den Eltern und dem Ehegatten des Erblassers zu, wenn sie durch Verfügung von Todes wegen von der Erbfolge ausgeschlossen sind. Die Vorschrift des § 1371 bleibt unberührt.

Pflichtteil ist der Wert des halben Erbteils

Der Pflichtteil der Eltern entspricht im Wert der Hälfte des gesetzlichen Erbteils (der Eltern) und hängt vom ehelichen Güterstand ab, in dem der Erblasser vor seinem Tod gelebt hat. Im gesetzlichen Güterstand der Zugewinngemeinschaft steht den Eltern des Erblassers gemeinsam ein Achtel des Nachlasses als Pflichtteil zu. Hat der Erblasser mit seiner Ehefrau Gütertrennung vereinbart, beträgt der Pflichtteil der Eltern ein Viertel des Nachlasses.

Da der Pflichtteil unmittelbar im Erbfall fällig wird und auf Auszahlung in Geld gerichtet ist, sollten Ehepaare ohne Kinder bei der Gestaltung ihrer letztwilligen Verfügung diese Pflichtteilshaftung bei der Nachlassplanung berücksichtigen: Vielleicht erklären die Eltern freiwillig einen notariellen

Pflichtteilsverzicht. Falls eine solche Lösung nicht möglich ist, sollten die Ehepartner gerade dann, wenn das Vermögen überwiegend aus einer oder mehreren Immobilien besteht, für ausreichend liquide Mittel sorgen, damit der länger lebende Partner notfalls den Pflichtteil auszahlen kann.

Pflichtteils-verzicht

Zum Pflichtteilsrecht siehe auch Seite 147 im Kapitel 16.

Die Erbschaftsteuerbelastung

Bei Nachlässen mittlerer Größenordnung mit einem Gesamtwert von weniger als 500.000 Euro ergibt sich regelmäßig keine oder nur eine geringe Erbschaftsteuerbelastung, da der überlebende Partner einen Erbschaftsteuerfreibetrag von 500.000 Euro hat. Wenn aber für den zweiten Erbfall Personen aus der Verwandtschaft oder sogar nicht verwandte Personen als Erben eingesetzt werden, können diese nur sehr geringe Freibeträge (in der Regel 20.000 Euro) geltend machen, und sie unterliegen einem Steuersatz von 30 bis 50 Prozent. Sind wenig Barmittel im Nachlass vorhanden, werden die Schlusserben Teile des Nachlasses verkaufen müssen, um die Erbschaftsteuer an das Finanzamt zahlen zu können. In Einzelfällen ist es eine gute Lösung, nicht verwandte Personen, zu denen ein „Eltern-Kind-Verhältnis" besteht, zu adoptieren, mit der Folge, dass sich der Freibetrag auf 400.000 Euro erhöht und der Steuersatz deutlich gesenkt werden kann.

500.000 Euro Erbschaft-steuerfreibe-trag

Zu den Erbschaftsteuerfreibeträgen und den Steuertarifen siehe auch Seite 159.

KAPITEL 4

Ehepartner mit Kindern

Ein Ehepaar mit Kindern verfolgt bei der Nachlassplanung meist drei Ziele: Zunächst soll für die Zeit nach dem Todesfall die Witwe bzw. der Witwer versorgt und abgesichert sein. Der länger lebende Ehegatte, so die naheliegende Vorstellung, soll weder auf Almosen von Familienmitgliedern angewiesen sein noch als Sozialhilfe-Empfänger leben müssen.

Absicherung des Ehegatten

Das zweite große Ziel, das Ehepartner mit Kindern üblicherweise verfolgen, ist es, das gemeinsam erwirtschaftete Vermögen gerecht und sinnvoll auf die Kinder zu übertragen. Hier stellt sich oft das Problem, festzulegen, wer welche Nachlassgegenstände – zum Beispiel das Haus, die Wohnung, Aktien, Bilder oder den Schmuck – erhalten soll. Besonders schwierig stellt sich die Aufgabe der Nachlassverteilung dar, wenn einer oder beide Partner mehrfach verheiratet waren und Kinder aus mehreren Beziehungen zu bedenken sind. Das Verhältnis zwischen Stiefkindern einerseits und dem Stiefvater bzw. der Stiefmutter andererseits ist häufig belastet durch Aversionen und Streit. Ein gemeinschaftliches Testament der Ehegatten kann jedoch auf eine faire und gerechte Weise die Wünsche des testierenden Ehepaars und die berechtigten Interessen der Abkömmlinge in einen sinnvollen Ausgleich bringen und damit das gewaltige Streitpotential einer Erbengemeinschaft entschärfen. Wer stattdessen auf die gesetzliche Erbfolge vertraut, verschafft seinen Angehörigen nicht selten finanzielle Nachteile verbunden mit der Gefahr, dass das Familienvermögen zerschlagen wird und ein langjähriger, schwer auflösbarer Streit unter den gesetzlichen Erben ausbricht.

Gerechte Aufteilung des Nachlasses

Streitvermeidung ist das dritte große Ziel von Eheleuten, die sich mit der Nachfolge beschäftigen. „Es soll nach meinem Tod keinen Streit in der Familie geben“, bekommen Fachanwälte für Erbrecht häufig von ihren Mandanten zu hören. An-

Streitvermeidung durch Testament

ders gesagt: Der Zusammenhalt der Familie, die wechselseitige Unterstützung und das Leben in materieller Sicherheit für alle Familienmitglieder ist eine ganz typische Idealvorstellung von Ehepartnern mit Kindern, bei der Planung ihrer Nachfolge.

Gesetzliche Erbfolge

Erbrecht des Ehegatten

Der Gesetzgeber hat für Ehepaare, die ohne letztwillige Verfügung versterben, eine Nachlassverteilung vorgesehen, die sich einerseits am ehelichen Güterstand und andererseits an der Zahl der beim Erbfall vorhandenen Kinder orientiert. Das Zusammenspiel der gesetzlichen Normen der §§ 1931, 1371 BGB ist hier entscheidend.

§ 1931 Gesetzliches Erbrecht des Ehegatten

(1) Der überlebende Ehegatte des Erblassers ist neben Verwandten der ersten Ordnung zu einem Viertel (...) als gesetzlicher Erbe berufen. (...)

(2) ...

(3) Die Vorschrift des § 1371 bleibt unberührt.

(4) Bestand beim Erbfall Gütertrennung und sind als gesetzliche Erben neben dem überlebenden Ehegatten ein oder zwei Kinder des Erblassers berufen, so erben der überlebende Ehegatte und jedes Kind zu gleichen Teilen; § 1924 Abs. 3 gilt auch in diesem Fall.

§ 1371 Zugewinnausgleich im Todesfall

(1) Wird der Güterstand durch den Tod eines Ehegatten beendet, so wird der Ausgleich des Zugewinns dadurch verwirklicht, dass sich der gesetzliche Erbteil des überlebenden Ehegatten um ein Viertel der Erbschaft erhöht; hierbei ist unerheblich, ob die Ehegatten im einzelnen Falle einen Zugewinn erzielt haben.

(2) ...

Nach diesen Bestimmungen wird der gesetzliche Erbteil des Ehegatten wie folgt ermittelt:

- Lebte der Erblasser zum Zeitpunkt des Erbfalls im gesetzlichen Güterstand, das heißt in Zugewinngemeinschaft, erhält der länger lebende Ehegatte – sofern Kinder des Erblassers vorhanden sind – zunächst ein Viertel des Nachlasses. Außerdem wird dem überlebenden Ehegatten als pauschaler Zugewinnausgleich ein weiteres Viertel am Nachlass zugeordnet. Mit anderen Worten: Zugewinngemeinschaft bedeutet, dass dem Witwer bzw. der Witwe die Hälfte des Nachlasses zusteht; die andere Nachlasshälfte verteilt sich zu gleichen Teilen auf die Kinder des Erblassers.

Zugewinngemeinschaft

- Hat der Erblasser zum Zeitpunkt des Erbfalls ehevertraglich Gütertrennung vereinbart, hängt die Erbquote des länger lebenden Ehegatten von der Zahl der vorhandenen Kinder ab: Neben einem Kind bekommt er die Hälfte des Nachlasses; neben zwei Kindern ein Drittel; bei mehr als zwei Kindern steht ihm nur ein Viertel des Nachlasses zu. Dies zeigt, dass die Gütertrennung beim Eingreifen der gesetzlichen Erbfolge den länger lebenden Ehegatten deutlich benachteiligt, sofern der Erblasser mehr als ein Kind hinterlässt.

Gütertrennung

- Noch ungünstiger ist die Situation für den länger lebenden Partner bei der ehevertraglich vereinbarten Gütergemeinschaft. In diesem Fall steht dem länger lebenden Ehegatten generell nur ein Viertel des Nachlasses zu. Hierbei ist aber zu berücksichtigen, dass aufgrund der Gütergemeinschaft das Vermögen der beiden Partner bereits vor dem Erbfall zu einem gemeinsamen Vermögen wurde und sich die Erbquote von einem Viertel dann auf den halben Vermögensanteil des verstorbenen Ehegatten bezieht. Einer mittellosen Frau, die einen Millionär mit einer Million Euro geheiratet hat, gehört nach dem Tod des Ehemanns bereits ein Vermögen von 500.000 Euro. Sie bekommt dann noch von den 500.000 Euro ihres Mannes die Hälfte. Die Kinder des Ehegatten müssen sich dagegen mit 250.000 Euro begnügen.

Gütergemeinschaft

Das Beispiel zeigt: Gütergemeinschaft kann auch zu Geldsegen – für den überlebenden Partner – führen.

Zusammengefasst ergibt sich folgende Beteiligung des Ehegatten im Rahmen der gesetzlichen Erbfolge:

Der gesetzliche Erbteil des Ehegatten			
	neben 1 Kind	neben 2 Kinder	bei mehr als 2 Kindern
bei Zugewinngemeinschaft	1/4 + 1/4 = 1/2	1/4 + 1/4 = 1/2	1/4 + 1/4 = 1/2
bei Gütertrennung	1/2	1/3	1/4
bei Gütergemeinschaft	1/4	1/4	1/4

Nachteile der gesetzlichen Erbfolge

Kinder erben immer mit

Aus obiger Tabelle ist ersichtlich, dass der länger lebende Ehegatte niemals Alleinerbe wird, wenn der Erblasser Kinder hat. Die maximale Erbquote, die ihm zustehen kann, entspricht der Hälfte des Erbes. Die Witwe bzw. der Witwer steht also immer in einer Erbengemeinschaft mit den Kindern des Erblassers, dies können auch Abkömmlinge aus früheren Beziehungen sein, in seltenen Fällen sogar Kinder, von deren Existenz bis zum Todestag niemand aus der Familie etwas gewusst hat.

Erbengemeinschaft schafft Probleme

Ungünstig ist auf jeden Fall die Entstehung einer Erbengemeinschaft: Eine sinnvolle Verwaltung des Nachlasses wird oft blockiert, und nicht selten führt der Streit um den Verkauf oder die Vermietung einer Nachlassimmobilie zu einer Teilungsversteigerung. Einzelheiten hierzu finden Sie auf Seite 113.

Ein Ehepaar ist also gut beraten, diese gravierenden Nachteile der gesetzlichen Erbfolge durch ein klug gestaltetes, steuerlich optimiertes und fehlerfreies Testament auszuschließen.

Das Testament von Ehepaaren mit Kindern

Eine Untersuchung der Stiftung Warentest hat ergeben, dass 90 Prozent aller privatschriftlichen Testamente fehlerhaft sind. Dies zeigt, dass die Gestaltung von Testamenten in die Hand eines Fachanwalts für Erbrecht gehört. Die nachfolgenden Ausführungen können deshalb nur eine erste Einführung und einen Überblick über die verschiedenen Gestaltungsmöglichkeiten geben.

90% fehlerhafte Testamente

Die Form des Ehegattentestaments

Ehegatten können ein gemeinschaftliches Testament sowohl in notarieller als auch privatschriftlicher Form errichten. In letzterem Fall ist es ausreichend, wenn einer der Eheleute den Text mit der Hand schreibt und dann beide Eheleute mit Ort, Datum, Vor- und Familiennamen unterzeichnen.

Notariell oder privatschriftlich

Besondere Vorsicht ist geboten, wenn nicht beide Eheleute die deutsche Staatsangehörigkeit besitzen. In diesem Fall kann das Ehegattentestament unwirksam sein.

Die Gestaltungsmöglichkeiten beim Ehegattentestament

Ein Ehepaar, das die letzten Dinge regeln will, hat eine Vielzahl von erbrechtlichen Gestaltungsmöglichkeiten. Im Normalfall wird der länger lebende Ehegatte als Erbe eingesetzt werden. Je nach Einzelfall kann es aber auch sinnvoll sein, die Kinder als Miterben zu bestimmen und den länger lebenden Ehegatten über Vermächtnisse abzusichern.

Erbeinsetzung oder Vermächtnis?

Die Begriffe „Erbeinsetzung“ und „Vermächtnis“ werden von juristischen Laien in letztwilligen Verfügungen nicht immer präzise verwendet. Der Erbe tritt als sogenannter Rechtsnachfolger

Erbe haftet auch für Schulden

des Erblassers in sämtliche Positionen des Erblassers ein, bekommt also nicht nur die Nachlassgegenstände, sondern muss auch für die Schulden des Verstorbenen haften. Der Vermächtnisnehmer tritt dagegen nicht in sämtliche Rechte und Pflichten des Erblassers ein, sondern hat gegen den Erben nur einen Anspruch auf Übertragung einzelner Nachlassgegenstände. Die Rechtsstellung des Vermächtnisnehmers ist im Verhältnis zum Erben auch schwächer, da er notfalls sogar das Eigentum an dem ihm vermachten Nachlassgegenstand einfordern bzw. einklagen muss. Andererseits muss sich der Vermächtnisnehmer nicht um die Nachlassabwicklung und um die Schuldenhaftung kümmern. Diese Grundunterscheidung sollte der Testierende bei seiner Nachlassplanung präzise beachten, um unnötige Auslegungsprobleme, die bei der Erbscheinserteilung auftreten können, von vorneherein zu vermeiden.

Keine Schuldenhaftung für Vermächtnisnehmer

Der Ehegatte soll Alleinerbe werden

Die Einsetzung des länger lebenden Ehegatten als Alleinerben ist immer dann die richtige Gestaltungsalternative, wenn dieser die uneingeschränkte Verfügungsgewalt über den Nachlass erhalten soll. Als Alleinerbe kann er alleine über die Verwaltung, Nutzung und Veräußerung von Nachlassgegenständen entscheiden. Im Schlusserbfall, also beim Tod des länger lebenden Ehegatten, werden dann die ehegemeinschaftlichen Kinder, häufig aber auch Kinder aus früheren Beziehungen als Miterben eingesetzt. Sind die „Abkömmlinge" dagegen bei ihren Eltern in Ungnade gefallen, können auch andere Personen aus der Verwandtschaft der Eheleute ebenso wie Stiftungen, karitative Vereinigungen, Vereine oder Verbände bzw. sonstige Organisationen als Schlusserben eingesetzt werden.

Absolute Verfügungsgewalt des Ehegatten

Formulierungsvorschlag „Einsetzung des Ehegatten als Alleinerben und der Kinder als Schlusserben"

Das Ehepaar Max und Frauke Moormann möchte, dass nach dem ersten Todesfall der länger lebende Ehegatte umfassend abgesichert ist. Wenn beide nicht mehr leben, sollen der Sohn Simon und die Tochter Theresa den gemeinsamen Nachlass erhalten. Klaus, das nichteheliche Kind von Herrn Moormann, soll weder im ersten noch im zweiten Erbfall Erbe werden und nur den Pflichtteil erhalten. Das Ehepaar Moormann könnte folgendes Testament errichten:

Ehegatte wird Alleinerbe

Gemeinschaftliches Testament

1. Verfügung für den ersten Todesfall

Wir, die Eheleute Max Moormann, geboren am 16.5.1956, und Frauke Moormann, geboren am 21.1.1962, beide derzeit wohnhaft in 80798 München, Augustenstraße 10, setzen uns gegenseitig zum alleinigen Vollerben unseres gesamten Vermögens ein.

2. Verfügungen für den zweiten Todesfall

a) Schlusserben beim Tod des Überlebenden von uns werden unsere ehegemeinschaftlichen Abkömmlinge, Simon und Theresa, zu gleichen Teilen.

b) Zu Ersatzerben von Simon und Theresa bestimmen wir deren Abkömmlinge nach den Regeln der gesetzlichen Erbfolgeordnung, wiederum ersatzweise soll Anwachsung zugunsten des anderen Stammes eintreten.

c) Der nichteheliche Sohn Klaus Mayer wird enterbt.

3. Vermächtnisse für den zweiten Erbfall

Für den Tod des Längerlebenden ordnen wir folgende Vermächtnisse an:

a) Unser Enkelsohn Erwin Esser erhält ein Geldvermächtnis in Höhe von 20.000 Euro.

b) Unsere Nichte Nina Neumann erhält den Schmuck von Frauke Moormann.

c) Herr Fritz Freundlich erhält ein lebenslanges Wohnrecht an unserer Ferienwohnung in Kitzbühel, Kufsteiner Straße 3.

d) Für obige Vermächtnisse bestimmen wir ausdrücklich keinen Ersatzvermächtnisnehmer.

4. Auflage

Wir wünschen Erdbestattung und belasten hiermit unsere Erben mit der Auflage, unsere Grabstätte für die Dauer der vollen Ruhezeit zu pflegen und zu unterhalten.

München, den 1.8.2009 Frauke Moormann

Dies ist auch mein letzter Wille.
München, den 1.8.2009 Max Moormann

Formulierungsvorschlag „Der Ehegatte wird Vermächtnisnehmer; die Kinder sind Miterben"

Ehegatte wird Vermächtnisnehmer

Max Moormann möchte mit seiner zweiten Ehefrau, Frauke Moormann, die letzten Dinge regeln. Aus seiner ersten geschiedenen Ehe sind zwei Kinder hervorgegangen, Simon und Theresa Moormann. Die zweite Ehe blieb kinderlos. Frauke Moormann hat keine eigenen Kinder und von den eigenen Eltern eine Eigentumswohnung und ein Aktiendepot geerbt. Da Frauke Moormann damit wirtschaftlich gut abgesichert ist, möchte das Ehepaar die beiden Kinder aus erster Ehe als Erben von Max Moormann einsetzen. Frauke Moormann möchte ihr Vermögen ihrer Nichte Nina Neumann zuwenden. Das Ehepaar Moormann könnte wie folgt testieren:

Gemeinschaftliches Testament

I. Verfügungen für das Ableben von Max Moormann.

1. Ich, Max Moormann, geboren am 16.5.1956, derzeit wohnhaft in 80798 München, Augustenstr. 10, setze meinen Sohn Simon Moormann, geboren am 18.8.1978, und meine Tochter Theresa Moormann, geboren am 16.5.1980, als Miterben zu je ein Halb ein.

Zu meinen Ersatzerben bestimme ich die Abkömmlinge meiner Kinder nach den Regeln der gesetzlichen Erbfolgeordnung, wiederum ersatzweise tritt Anwachsung zugunsten des anderen Stammes ein.

2. Ich, Max Moormann, ordne für den Fall, dass ich der Erstversterbende von uns beiden bin, zugunsten meiner Ehefrau Frauke Moormann folgende Vermächtnisse an:

a) Ich wende meiner Ehefrau ein lebenslanges Wohnrecht an meinem Einfamilienhaus in München, Obermenzinger Straße 3, zu.

b) Meine Ehefrau erhält weiter den gesamten Hausrat und das Inventar des Einfamilienwohnhauses in München, Obermenzinger Straße 3, einschließlich des Pkws und aller persönlicher Gegenstände.

c) Meine Ehefrau erhält ein Geldvermächtnis in Höhe von 200.000 Euro.

d) Für obige Vermächtnisse bestimme ich ausdrücklich keinen Ersatzvermächtnisnehmer.

II. Verfügungen für das Ableben von Frauke Moormann

1. Ich, Frauke Moormann, geboren am 21.1.1962, derzeit wohnhaft in 80798 München, Augustenstr. 10, setze zu meiner alleinigen Vollerbin meine Nichte Nina Neumann, geboren am 23.3.1984, ein. Diese Erbeinsetzung gilt unabhängig davon, ob ich vor oder nach meinem Ehemann Max Moormann versterbe.

Zu Ersatzerben bestimme ich die beiden Kinder meines Ehemannes, Simon Moormann und Theresa Moormann, wiederum ersatzweise deren Abkömmlinge nach den Regeln der gesetzlichen Erbfolgeordnung.

2. Für den Fall, dass ich vor meinem Ehemann Max Moormann versterbe, erhält dieser im Wege des Vermächtnisses ein lebenslanges Wohnrecht an meiner Ferienwohnung in Kitzbühel, Kufsteiner Straße 3.

Einen Ersatzvermächtnisnehmer bestimme ich ausdrücklich nicht.

München, den 1.8.2009 Frauke Moormann

Dies ist auch mein letzter Wille.
München, den 1.8.2009 Max Moormann

Einsetzung des Ehegatten als Voll- oder Vorerben?

Vorerbe hat nur Nutzungsrechte

Ehepaare, die sich wechselseitig als Alleinerben einsetzen, möchten nach dem ersten Erbfall über den Nachlass frei verfügen können. Möchte ein Ehepartner dagegen, dass die Witwe oder der Witwer im Wesentlichen nur ein Nutzungsrecht am Nachlass erhält und die Substanz des Nachlasses den Personen erhalten wird, die für den zweiten Erbfall als Erben eingesetzt werden, so bietet sich hierfür die Anordnung einer sogenannten Vor- und Nacherbfolge an. Der Testierende kann bestimmen, wer zunächst den Nachlass erhalten soll (dies ist der sogenannte Vorerbe) und wem die Vorerbschaft zu einem späteren Zeitpunkt zufallen soll (dies ist der sogenannte Nacherbe). Hat der Testierende keine besonderen Anordnungen getroffen, tritt der sogenannte Nacherbfall mit dem Tod des Vorerben ein. Maßgeblich bei dieser Lösung sind die folgenden Paragraphen des BGB:

Nacherbfall

§ 2100 Nacherbe

Der Erblasser kann einen Erben in der Weise einsetzen, dass dieser erst Erbe wird, nachdem zunächst ein anderer Erbe geworden ist (Nacherbe).

§ 2106 Eintritt der Nacherbfolge

(1) Hat der Erblasser einen Nacherben eingesetzt, ohne den Zeitpunkt oder das Ereignis zu bestimmen, mit dem die Nacherbfolge eintreten soll, so fällt die Erbschaft dem Nacherben mit dem Tod des Vorerben an.

(2) ...

Vorerbe hat keine Verfügungsgewalt

Bei der Anordnung einer Vor- und Nacherbschaft ist immer zu beachten, dass der Vorerbe keineswegs frei über das Vermögen verfügen kann:

- So darf der Vorerbe Grundstücke, Häuser und Eigentumswohnungen, die sich im Nachlass befinden, nur mit Zustimmung des Nacherben veräußern (§ 2113 Abs. 1 BGB). Zum Schutz des Nacherben wird dazu im Grundbuch ein Nacherbenvermerk eingetragen. Dadurch wird eine Nachlassimmobilie faktisch unverkäuflich.
- Der Vorerbe darf Gegenstände des Nachlasses nur verschenken, wenn es sich hierbei um eine sogenannte Anstands- oder Pflichtschenkung handelt (§ 2113 Abs. 2 BGB).

Risiko der Vorerbschaft

Durch diese Verfügungsbeschränkungen soll sichergestellt werden, dass dem Nacherben die Substanz des Nachlasses erhalten wird und dem Vorerben lediglich die Nutzung der Vorerbschaft zusteht. Dies wiederum kann bedeuten, dass der Vorerbe in einem Notfall nicht in der Lage ist, eine Immobilie zu verkaufen, um sich die nötigen Barmittel – etwa für dringend notwendige Operationen oder Zahnersatz oder einen etwas aufwändigeren Urlaub – zu verschaffen. Der Interessengegensatz zwischen Vor- und Nacherbe führt in der Praxis häufig zu Konflikten.

§ 2113 Verfügungen über Grundstücke, (...); Schenkungen

(1) Die Verfügung des Vorerben über ein zur Erbschaft gehörendes Grundstück (...) ist im Falle des Eintritts der Nacherbfolge insoweit unwirksam, als sie das Recht des Nacherben vereiteln oder beeinträchtigen würde.

(2) Das Gleiche gilt von der Verfügung über einen Erbschaftsgegenstand, die unentgeltlich (...) erfolgt. Ausgenommen sind Schenkungen, durch die einer sittlichen Pflicht oder einer auf den Anstand zu nehmenden Rücksicht entsprochen wird.

(3) (...)

Der Testierende kann dem Vorerben auch einige Befreiungen erteilen: Gemäß § 2136 BGB kann bestimmt werden, dass der Vorerbe über Nachlassimmobilien frei verfügen kann. Eine Befreiung vom Schenkungsverbot ist dagegen nicht möglich.

Ehegatte wird befreiter Vorerbe

Formulierungsvorschlag „Der Ehegatte wird Vorerbe; die Kinder werden Nacherben"

Der Witwer Max Moormann und die Witwe Frauke Fink, die jeweils ein Kind aus erster Ehe haben, sind in zweiter Ehe miteinander verheiratet. Beide möchten ein Testament errichten, in dem der länger lebende Ehegatte Erbe wird. Wenn beide verstorben sind, sollen die Kinder Simon Moormann und Theresa Fink Miterben zu gleichen Teilen werden. Dem Ehepaar liegt aber sehr daran, dass die im Miteigentum stehende Immobilie vom länger lebenden Ehegatten nicht veräußert oder mit Grundpfandrechten belastet werden darf. Das Ehepaar entschließt sich deshalb, den länger lebenden Ehegatten als Vorerben und die Kinder als Nacherben einzusetzen. Hierzu könnte folgendes gemeinschaftliches Testament errichtet werden:

Gemeinschaftliches Testament

(Wir, die Eheleute Max Moormann, geboren am 16.5.1956, und Frauke Fink, geboren am 21.1.1962, beide derzeit wohnhaft in 80798 München, Augustenstraße 10, errichten nachfolgendes gemeinschaftliches Testament.

1. Wir berufen uns gegenseitig zu alleinigen, nicht befreiten Vorerben.

2. Nacherben sind die Kinder Simon Moormann, geboren am 18.8.1978, und Theresa Fink, geboren am 16.5.1980, zu gleichen Teilen. Wenn ein Nacherbe wegfällt, zum Beispiel durch Tod oder Ausschlagung, sind Ersatznacherben seine Abkömmlinge. Wenn Abkömmlinge nicht vorhanden sind, tritt Anwachsung bei den verbliebenen Nacherben ein.

Der Nacherbfall tritt mit dem Tod des Vorerben ein.

Die Nacherbenanwartschaft ist nicht vererblich oder übertragbar.

München, den 1.8.2009 Frauke Moormann

Dies ist auch mein letzter Wille.
München, den 1.8.2009 Max Moormann

Tipp vom Fachanwalt für Erbrecht

Pflichten des Vorerben

Der Vorerbe unterliegt erheblichen Verpflichtungen, die er dem Nacherben gegenüber zu erfüllen hat: So trifft ihn die Pflicht zur ordnungsgemäßen Verwaltung der Vorerbschaft. Er hat auf Verlangen ein Nachlassverzeichnis vorzulegen und den Zustand der Vorerbschaft durch einen Sachverständigen feststellen zu lassen. Pflichtverletzungen des Vorerben führen zu einem Schadensersatzanspruch des Nacherben gegenüber dem Vorerben bereits zu dessen Lebzeiten. Der Testierende sollte es sich deshalb gut überlegen, ob er eine Vor- und Nacherbschaft anordnet. Ein Erbrechtsexperte kann ihm helfen, die optimale Lösung für den konkreten Einzelfall zu finden.

Die Form eines gemeinschaftlichen Testaments

Ehegatten können ein gemeinschaftliches Testament sowohl in notarieller als auch privatschriftlicher Form errichten. In letzterem Fall ist es ausreichend, wenn einer der Eheleute den Text mit der Hand schreibt und dann beide Eheleute mit Ort, Datum, Vor- und Familiennamen unterzeichnen.

Das „Berliner Testament"

Eine Form des Ehegattentestamentes wird auch als „Berliner Testament" bezeichnet. Mit einem Testament dieser Art setzen sich die Eheleute für den ersten Erbfall zunächst gegenseitig und für den zweiten Erbfall die gemeinsamen Kinder als Erben ein. Soll der länger lebende Ehegatte frei über den Nachlass verfügen können, wird er als „Vollerbe" und die Kinder als „Schlusserben" bestimmt. Entscheiden sich die Ehepartner jedoch für eine Verfügungsbeschränkung über den Nachlass, so dass die Witwe oder der Witwer nach dem ersten Todesfall nicht frei über die Erbschaft verfügen kann, spricht man von „Vorerben" (Witwe oder Witwer) und „Nacherben" (Kinder).

Vollerben und Schlusserben

Vorerben und Nacherben

Besonderheiten und Risiken des „Berliner Testaments"

Das Berliner Testament ist durch bestimmte Wirkungen und Risiken gekennzeichnet, die sehr genau abgewogen werden müssen:

- Das Testament entfaltet Bindungswirkung, das heißt, ein einseitiger Widerruf nach dem Tod ist im Regelfall nicht mehr möglich (vgl. Seite 47).
- Für den überlebenden Ehegatten besteht ein nicht unerhebliches Pflichtteilsrisiko (vgl. dazu Seite 49 sowie das Kapitel 16).

- Bei größeren Nachlässen kann sich das Berliner Testament auch als „Steuerfalle“ entpuppen, so dass für die Erben hohe Steuerzahlungen fällig werden (vgl. dazu unten 50).

Um diese meist nicht erwünschten Besonderheiten und Risiken auszuschließen, ist es sinnvoll, einen Erbrechtsexperten mit einer klugen und umsichtigen Testamentsgestaltung zu beauftragen.

Bindungswirkung des Berliner Testaments

Haben Eheleute in ihrem gemeinschaftlichen Testament wechselbezüglich Erbeinsetzungen, Vermächtnisse oder Auflagen angeordnet, so können diese Regelungen einseitig, also ohne Mitwirkung des anderen Ehegatten, nur noch eingeschränkt widerrufen werden:

Widerruf zu Lebzeiten nur notariell

- **Formbedürftiger Widerruf zu Lebzeiten beider Ehegatten:** Zu Lebzeiten beider Eheleute erfordert der einseitige Widerruf oder eine Abänderung dieser Verfügungen eine notariell beurkundete Erklärung, die dem anderen Ehegatten zugestellt werden muss. Widerruft ein Partner das gemeinschaftliche Testament im Glauben, das letzte Testament sei immer das maßgebliche, dann täuscht er sich. Nur eine notariell beurkundete, dem anderen Partner zugestellte Erklärung kann das Berliner Testament auflösen.

Nach dem Tod kein Widerruf mehr

- **Kein Widerrufsrecht nach dem ersten Erbfall:** Nach dem Tod eines Ehegatten kann die Witwe bzw. der Witwer seine letztwilligen Verfügungen, die er in einem gemeinschaftlichen Testament getroffen hat, nicht mehr widerrufen. Mit anderen Worten: Der länger lebende Ehegatte ist an das gemeinsame Testament gebunden. Diese Bindungswirkung ist vielen Eheleuten bei der Errichtung eines Berliner Testamentes nicht bewusst. Der Gesetzgeber hat zwar die Möglichkeit eröffnet, dass der länger lebende Ehegatte den ihm zufallenden Nachlass ausschlagen und so wieder über sein eigenes Vermögen anderweitig per Testament verfügen kann. Diese „Lösungsmöglichkeit“ ist den meisten Ehegatten aber nicht bekannt und hat zudem wegen der kurzen Frist von sechs Wochen nach dem Erbfall, die zur Ausschlagung des Erbes genutzt werden kann, kaum eine praktische Bedeutung.

Tipp vom Fachanwalt für Erbrecht

Eheleute sollten bei der Gestaltung ihres Testaments überlegen, ob sie die Bindungswirkung wechselbezüglicher Verfügungen wollen oder stattdessen in ihr Testament einen sogenannten „Abänderungsvorbehalt“ aufnehmen. Die Befugnis, nach dem ersten Erbfall ein neues – wirksames – Testament errichten zu können, birgt allerdings auch die Gefahr, dass die im Ehegattentestament getroffene Schlusserbeneinsetzung zugunsten der gemeinsamen Kinder aufgehoben und stattdessen ein neuer Lebensgefährte zum Erben eingesetzt wird.

Formulierungsvorschlag „Bindung des überlebenden Ehegatten“

Wechselbezüglichkeit

Möchte ein Ehepaar, dass der länger lebende Ehegatte die gemeinsam angeordneten Erbeinsetzungen, Vermächtnisse und Auflagen nicht mehr einseitig abändern kann, so sollte folgende Klausel in das gemeinschaftliche Testament aufgenommen werden:

> Alle vorstehenden Erbeinsetzungen, Vermächtnisse und Auflagen sind wechselbezüglich und damit bindend.

Formulierungsvorschlag „Abänderungsvorbehalt des länger lebenden Ehegatten“

Abänderungsvorbehalt

Ein Ehepaar, das über den ersten Erbfall hinaus nicht gebunden sein möchte, könnte folgende Klausel in ein Testament aufnehmen:

> Nach dem ersten Erbfall ist der Überlebende berechtigt, sämtliche Bestimmungen dieses Testamentes für den zweiten Todesfall uneingeschränkt aufzuheben oder abzuändern.

Pflichtteilsrisiko beim Berliner Testament

Da sich beim Berliner Testament die Eheleute für den ersten Erbfall wechselseitig als Alleinerben einsetzen, erhalten die Kinder des Verstorbenen aus dessen Nachlass zunächst einmal (bis zum zweiten Todesfall) keinen Erbteil und sind damit faktisch enterbt. Enterbte Abkömmlinge haben aber gemäß § 2303 Abs. 1 BGB Anspruch auf einen „Pflichtteil" in Höhe der Hälfte des gesetzlichen Erbteils.

Kinder haben Anspruch auf Pflichtteil

Der Pflichtteilsanspruch richtet sich gegen den länger lebenden Ehegatten und muss von diesem durch Zahlung eines Geldbetrages erfüllt werden. Die Höhe des Pflichtteilsanspruches ergibt sich einerseits aus der Pflichtteilsquote des enterbten Kindes und andererseits aus dem Wert des Nachlasses des Verstorbenen nach Abzug aller Nachlassverbindlichkeiten. Sofern der Nachlass überwiegend aus nichtliquiden Vermögenswerten, zum Beispiel Immobilien, besteht, kann die Pflichtteilshaftung den überlebenden Ehegatten in große finanzielle Bedrängnis bringen. Die Witwe oder der Witwer ist dann gezwungen, die verbleibenden Barreserven, die eigentlich für die Versorgung und Pflege im Alter gedacht waren, für die Erfüllung der Pflichtteilsansprüche zu verwenden oder sogar die Nachlassimmobilie – nicht selten unter Zeitdruck und damit unter ihrem Wert – zu verkaufen.

Ermittlung der Pflichtteilsquote

§ 2303 Pflichtteilsberechtigte; Höhe des Pflichtteils

(1) Ist ein Abkömmling des Erblassers durch Verfügung von Todes wegen von der Erbfolge ausgeschlossen, so kann er von dem Erben den Pflichtteil verlangen. Der Pflichtteil besteht in der Hälfte des Wertes des gesetzlichen Erbteils.

(2) …

Die Höhe der Pflichtteilsquote eines enterbten Kindes ist zum einen abhängig vom ehelichen Güterstand, in dem der Erblasser lebte, und zum anderen von der Zahl der sonst noch vorhandenen Abkömmlinge:

Güterstand	**Pflichtteil je Kind** (wenn der Erblasser im Erbfall verheiratet war)		
	bei 1 Kind	bei 2 Kindern	bei 3 Kindern
Gesetzlicher Güterstand (= Zugewinngemeinschaft)	1/4	1/8	1/12
Gütertrennung	1/4	1/6	1/8
Gütergemeinschaft	3/8	3/16	3/24

Einzelheiten zum Pflichtteilsrecht und zur Erb- und Pflichtteilsreform finden Sie auf Seite 147 in Kapitel 16.

Das Berliner Testament als Steuerfalle

Bei größeren Vermögen, die der länger lebende Ehegatte erbt, kann das Berliner Testament durchaus eine Steuerfalle darstellen, die allerdings bei kluger Testamentsgestaltung vermieden werden kann. Wie das funktioniert, zeigt das folgende Rechenbeispiel:

BEISPIEL

Das Ehepaar Max und Frauke Moormann hat in einem Ehevertrag Gütertrennung vereinbart und in einem späteren „Berliner Testament" sich wechselseitig als alleinige Vollerben und das einzige Kind, die Tochter Theresa, als Schlusserbin eingesetzt. Als Max Moormann stirbt, hinterlässt er ein Vermögen (Einfamilienhaus, Aktien, Mobilien) mit einen Wert von 1,5 Millionen Euro.

Die Erbschaftsteuerbelastung der Witwe errechnet sich wie folgt:

Nachlass von Max Moormann	1.500.000 Euro
abzüglich Steuerfreibetrag der Witwe	500.000 Euro
zu versteuern	1.000.000 Euro
19% Erbschaftsteuer hieraus	190.000 Euro

Dieser nicht unbeträchtliche Betrag ist zeitnah nach dem Erbfall von der Witwe an das Finanzamt zu überweisen.

Hätte das Ehepaar Moormann vor der Errichtung ihres Testamentes fachkundigen Rat eingeholt, hätte es für den ersten Erbfall ein Steuerfreibetragsvermächtnis mit folgendem Wortlaut aufnehmen können:

„Im ersten Erbfall erhält unsere Tochter Theresa vermächtnisweise einen Geldbetrag von 400.000 Euro."

Das Finanzamt würde dann nach dem Tod von Herrn Moormann folgende Erbschaftsteuerberechnung vornehmen:

Das Vermächtnis zugunsten der Tochter Theresa wird nicht besteuert, da sie einen Erbschaftsteuerfreibetrag von 400.000 Euro in Anspruch nehmen kann.

Die Steuerbelastung der Witwe errechnet sich wie folgt:

Nachlass von Max Moormann	1.500.000 Euro
abzüglich Vermächtnis zugunsten Theresa	400.000 Euro
abzüglich Steuerfreibetrag der Witwe	500.000 Euro
zu versteuern	600.000 Euro
19% Erbschaftsteuer hieraus	114.000 Euro

Durch die Anordnung des Vermächtnisses ergibt sich somit eine Steuerersparnis für die Witwe in Höhe von 76.000 Euro.

Tipp vom Steuerberater

Nachteile von Steuerfreibetragsvermächtnissen

Steuerfreibetragsvermächtnisse können auch erhebliche Nachteile bringen. Besteht etwa der Nachlass des zuerst verstorbenen Ehegatten überwiegend aus Immobilien, so wird die Witwe ein Geldvermächtnis zugunsten des Kindes kaum ohne Gefährdung der eigenen finanziellen Vorsorge auszahlen können. Es mag zwar im Einzelfall vorkommen, dass Kinder im Falle von Liquiditätsproblemen des Elternteils darauf verzichtet, das Vermächtnis einzufordern; hierauf sollte man sich aber nicht verlassen, da vor allem bei einem gespannten Verhältnis zwischen Witwe bzw. Witwer und dem Kind bzw. Schwiegerkindern auf die Auszahlung des Vermächtnisses gepocht werden wird.

Noch viel gravierendere Konsequenzen hätte folgendes Steuerfreibetragsvermächtnis:

„Die Abkömmlinge erhalten im ersten Erbfall ein Geldvermächtnis in Höhe des zum Zeitpunkt des Erbfalls geltenden Erbschaftsteuerfreibetrages."

Hatte das Ehepaar zum Zeitpunkt der Testamentserrichtung zum Beispiel zwei Kinder und lagen die Erbschaftsteuerfreibeträge bis zum 31.12.2008 bei jeweils 205.000 Euro, so ist es der Witwe vielleicht gerade noch möglich, das Geldvermächtnis in Höhe von insgesamt 410.000 Euro auszuzahlen. Wenn aber zwischen der Testamentserrichtung und dem ersten Erbfall noch ein weiteres Kind hinzugekommen ist und – wie dies zum 1.1.2009 der Fall war – der Gesetzgeber den Erbschaftsteuerfreibetrag auf 400.000 Euro je Kind angehoben hat, dann wird die Witwe nicht in der Lage sein, den Vermächtnisbetrag in Höhe von insgesamt 1.200.000 Euro auszuzahlen.

Steuerfreibetragsvermächtnisse bieten zwar eine legale Möglichkeit, die Steuerbelastung der Hinterbliebenen effektiv zu reduzieren. Diese Anordnungen können jedoch den länger lebenden Ehegatten in erhebliche Liquiditätsprobleme manövrieren. Erbrechts- und Steuerexperten haben daher in den letzten Jahren „wasserdichte" Steuerfreibetragsvermächtnisse entwickelt, die helfen, maximal Steuern zu sparen und andererseits den finanziellen Bedarf des länger lebenden Ehegatten für die Altersversorgung und Pflege sicherzustellen. Da diese Klauseln außerordentlich komplex sind, werden sie in diesem Ratgeber bewusst nicht näher erläutert, da sie den Rahmen dieses Buches sprengen würden. Derartige Steuerfreibetragsklauseln sollten auf keinen Fall ohne Beratung durch einen Erbrechts- und Steuerexperten in ein Testament aufgenommen werden. Die Kosten der Beratung machen meist nur einen Bruchteil der möglichen Steuerersparnis aus.

Ein Fall für den Experten

Einen Überblick über die Erbschaftsteuerfreibeträge und Steuertarife finden Sie im Anhang auf Seite 159.

KAPITEL 5

Unverheiratete Eltern mit Kindern

Nichteheliche Lebensgemeinschaften mit einem oder mehreren Sprösslingen werden immer häufiger, dennoch überwiegt nach wie vor die Zahl der verheirateten Eltern mit Nachwuchs. Im Jahr 2005 lebten in Deutschland 770.000 Paare ohne Trauschein mit mindestens einem Kind zusammen. Zum Vergleich: Gleichzeitig betreuten 9,3 Millionen verheiratete Eltern ein Kind oder mehrere. Demnach kamen auf 100 verheiratete Paare mit Kind(ern) nur etwa 8,3 ledige Paare, die mit ihrem Nachwuchs zusammenlebten. Zu der Gruppe der „unverheirateten Eltern mit Kindern" zählen jedoch weitere 2,6 Millionen Alleinerziehende, wovon mehr als eine Million geschieden sind.

Gesetzliche Erbfolge bei unverheirateten Eltern mit Kindern

Kinder sind gesetzliche Erben

Unverheiratete Eltern, die ohne letztwillige Verfügung sterben, werden kraft Gesetzes von ihrem Kind oder ihren Kindern (zu gleichen Teilen) beerbt. Dabei spielt es heute keine Rolle mehr, ob es sich um eheliche oder uneheliche Kinder handelt.

Nichteheliche Kinder

Bis zum 1.4.1998 bestanden für nichteheliche Kinder beim Tod ihres Vaters Sonderregelungen. Diese Kinder wurden vom Gesetzgeber aus dem Kreis der gesetzlichen Erben herausgenommen; sie konnten gegen die Witwe und die ehelichen Kinder nur einen Zahlungsanspruch in Form eines sogenannten Erbersatzanspruchs geltend machen. Nur beim Tod der Mutter wurden die nichtehelichen Kinder den ehelichen Kindern schon immer gleichgestellt. Diese Ungleichbehandlung hat der Gesetzgeber mit Wirkung zum 1.4.1998 durch das Erbrechtsgleichstellungsgesetz beseitigt: Für alle Erbfälle, die nach diesem Zeitpunkt eingetreten sind, haben nichteheliche und eheliche Kinder sowohl beim Tod des Vaters als auch der Mutter die gleiche erbrechtliche Stellung. Besonderheiten bestehen allerdings immer noch dann, wenn das nichteheliche Kind vor dem 1.7.1949 geboren wurde oder wenn der Vater am 2.10.1990 seinen gewöhnlichen Aufenthalt in der ehemaligen DDR gehabt hat. Bei derartigen Sonderkonstellationen sollte man unbedingt den Rat eines Fachanwalts für Erbrecht einholen.

Pflegekinder

Zu beachten ist, dass Pflegekinder, die von einer Familie aufgenommen wurden, erb- und pflichtteilsrechtlich völlig leer ausgehen, diese Situation ändert sich nur, wenn die Pflegeeltern ihre Pflegekinder adoptieren. Das seit dem 1.1.1977 reformierte Adoptionsrecht unterscheidet zwischen Minderjährigen- und Volljährigen-Adoptionen:

Volladoption

- Für minderjährige Kinder gilt grundsätzlich die Volladoption, das heißt, das minderjährige Kind wird Erbe der Adoptiveltern und das Verwandtschaftsverhältnis zur leiblichen Familie wird aufgehoben. Wenn also der leibliche Vater oder die leibliche Mutter des Adoptivkindes stirbt, bestehen keinerlei erb- oder pflichtteilsrechtlichen Ansprüche.

Adoption Erwachsener

- Anders ist die Rechtslage bei der Adoption Erwachsener. Hier bleibt nach der Adoption das Verwandtschaftsverhältnis zu den leiblichen Eltern aufrecht; lediglich zwischen dem Adoptivkind und den Verwandten der leiblichen Eltern besteht kein Erbrecht. Wenn also der Vater des Adoptivkindes vorverstorben ist und der Großvater stirbt, wird das Adoptivkind erbrechtlich nicht am Nachlass des Großvaters beteiligt.

Tipp vom Fachanwalt für Erbrecht

Welche erbrechtlichen Positionen einem Adoptivkind am Nachlass der Adoptiveltern und unter Umständen der leiblichen Verwandtschaft zukommt, geht aus dem Adoptionsbeschluss des Vormundschaftsgerichts hervor; ohne eine Einsichtnahme in diesen Beschluss sind hier keine qualifizierten

Aussagen zu machen. Zu beachten ist weiter, dass für Adoptionen aus der Zeit vor dem 1.1.1977 spezielle Regelungen bestehen. Bei solchen Fällen sollte ein Fachanwalt für Erbrecht die erb- und unterhaltsrechtlichen Wirkungen einer Adoption prüfen.

Adoptionsbeschluss

Unverheiratete Eltern mit Kindern, die keine letztwillige Verfügung errichten, sollten es nicht den – für den Laien verwirrenden – gesetzlichen Regelungen überlassen, wer Erbe wird und wer nichts aus dem Nachlass erhält. Verantwortungsvolle Mütter und Väter sollten die Versorgung ihrer Kinder für den Erbfall vorausschauend klar formuliert in einer letztwilligen Verfügung individuell regeln und sich nicht auf gesetzgeberische Standardlösungen verlassen, die teilweise auch antiquierten Vorstellungen folgen. Für alleinerziehende Mütter oder Väter bietet eine letztwillige Verfügung auch die Möglichkeit, das Sorgerecht für den vererbten Nachlass speziell zu regeln und damit den anderen Elternteil von dieser Aufgabe auszuschließen. So kann zum Beispiel eine alleinerziehende Mutter per Testament bestimmen, dass nach ihrem Tod für die Verwaltung ihres Nachlasses ihre Schwester und nicht der leibliche Vater zuständig sein soll.

Sorgerecht regeln

Besonders nachteilig ist das Eingreifen der gesetzlichen Erbfolge dann, wenn mehrere Erben eine Erbengemeinschaft bilden. Die meisten Entscheidungen innerhalb dieser Erbengemeinschaft erfordern Einstimmigkeit, wodurch notwendige Verwaltungsmaßnahmen verhindert werden können. Die Veräußerung von Nachlassgegenständen, zum Beispiel der Eigentumswohnung oder des Einfamilienhauses, kann durch „querulierende" Miterben blockiert werden. Die Folge: Eine Lösung lässt sich nur durch Antrag auf Teilungsversteigerung der Nachlassimmobilie erzielen. Der dabei erzielbare Kaufpreis liegt oft deutlich unter dem eigentlichen Wert, so dass schlussendlich Vermögenswerte zum Teil vernichtet werden und die Versorgung der Kinder gefährdet wird.

Probleme Erbengemeinschaft

Das Testament für unverheiratete Eltern mit Kindern

Wer soll erben?

Nicht verheiratete Eltern, die für den Erbfall mittels letztwilliger Verfügung vorsorgen wollen, müssen sich zunächst darüber klar werden, ob vorrangig der Lebenspartner oder das bzw. die Kinder des Verstorbenen als Erben eingesetzt werden. Danach kann die Frage geregelt werden, wie der Rest der Familie durch Vermächtnisse versorgt wird. (Die Unterscheidung zwischen Erbe und Vermächtnis ist in Kapitel 4 auf Seite 37 erläutert.)

Formulierungsvorschlag „Der Lebenspartner wird Alleinerbe; die Kinder erhalten Vermächtnisse“

Lebenspartner wird Alleinerbe

Max Moormann und Frauke Fink sind nicht verheiratet und haben einen gemeinsamen Sohn. Herr Moormann möchte seine Lebenspartnerin als Alleinerbin einsetzen und den Sohn Simon durch Vermächtnisse für den Erbfall umfassend absichern. Herr Moormann könnte folgendes Einzeltestament errichten:

Mein letzter Wille

1. Ich, Max Moormann, geboren am 16.5.1956, derzeit wohnhaft in 80798 München, Augustenstraße 10, setze meine Lebensgefährtin, Frauke Fink, geboren am 21.1.1961, derzeit wohnhaft in 80798 München, Augustenstraße 10, zu meiner alleinigen Vollerbin ein.

Ersatzerbe ist unser Sohn Simon Fink, geboren am 23.3.1985.

2. Mein Sohn Simon Fink erhält vermächtnisweise
a) einen Geldbetrag von 200.000 Euro;
b) meinen Oldtimer, Marke Jaguar, E-Type;
c) ein lebenslanges Wohnrecht an meiner Ferienwohnung in Kitzbühel, Kufsteiner Straße 3.
d) Für obige Vermächtnisse bestimme ich ausdrücklich keinen Ersatzvermächtnisnehmer.

München, den 1.8.2009 Max Moormann

Tipp vom Fachanwalt für Erbrecht

Pflichtteilshaftung des Erben

Die Alleinerbeneinsetzung des Partners ohne Trauschein führt dazu, dass nicht die Kinder des Erblassers erben (auch wenn sie Vermächtnisse erhalten). Diese enterbten Abkömmlinge sind jedoch gemäß § 2303 BGB pflichtteilsberechtigt und können nicht unerhebliche Zahlungsansprüche gegen den eingesetzten Erben geltend machen. Die Höhe der Pflichtteilsquote können Sie der Tabelle auf Seite 150 entnehmen. Für den Erblasser bestehen aber einige Möglichkeiten, dieses Pflichtteilsrisiko zu begrenzen. Hierzu sollten Sie einen Fachanwalt für Erbrecht konsultieren.

Tipp vom Steuerberater

Hohe Erbschaftsteuer

Lebensgefährten, die ihre Partner beerben, unterliegen einer außerordentlich hohen Erbschaftsteuerbelastung, da der Freibetrag nur 20.000 Euro beträgt und der Steuersatz zwischen 30 und 50 Prozent liegt. Einzelheiten zu dieser Erbschaftsteuerbelastung finden Sie auf Seite 159.

Die Alleinerbeneinsetzung des Partners ohne Trauschein ist im Hinblick auf das Pflichtteilsrisiko und die Steuerbelastung meist nicht empfehlenswert. Es sollte deshalb über die nachfolgende Alternative nachgedacht werden, bei der das oder die Kinder Erben werden und der Lebenspartner in Form eines Vermächtnisses versorgt wird.

Formulierungsvorschlag „Die Kinder werden Erben; der Lebenspartner erhält Vermächtnisse“

Lebenspartner erhält nur Vermächtnisse

Max Moormann und Frauke Fink leben in nichtehelicher Lebensgemeinschaft und haben einen gemeinsamen Sohn. Nachdem das Paar von einem Fachanwalt für Erbrecht darüber informiert wurde, dass eine Erbeinsetzung des Lebenspartners nicht nur zu einer Pflichtteilshaftung, sondern auch zu erheblichen Steuernachteilen führen kann, errichten sie folgende Einzeltestamente:

Mein letzter Wille

1. Ich, Max Moormann, geboren am 16.5.1956, derzeit wohnhaft in München, Obermenzinger Straße 3, setze meinen Sohn Simon Fink, geboren am 18.8.1978, als Alleinerben ein.

Zu Ersatzerben bestimme ich dessen Abkömmlinge nach den Regeln der gesetzlichen Erbfolgeordnung, wiederum ersatzweise soll meine Lebensgefährtin Frauke Fink, geboren am 21.1.1961, Erbin werden.

2. Meine Lebensgefährtin Frauke Fink, geboren am 21.1.1961, erhält folgende Vermächtnisse:

a) Meine Lebensgefährtin Frauke Fink erhält ein lebenslanges Wohnrecht an meinem Einfamilienhaus in München, Obermenzinger Straße 3.

b) Meine Lebensgefährtin Frauke Fink erhält weiter den gesamten Hausrat und das Inventar des Einfamilienwohnhauses in München, Obermenzinger Straße 3, einschließlich des Pkws und aller persönlichen Gegenstände.

c) Meine Lebensgefährtin Frauke Fink erhält ein Geldvermächtnis in Höhe von 200.000 Euro.

d) Für obige Vermächtnisse bestimme ich ausdrücklich keinen Ersatzvermächtnisnehmer.

München, den 1.8.2009 Max Moormann

Mein letzter Wille

I. Ich, Frauke Fink, geboren am 21.1.1961, derzeit wohnhaft in München, Obermenzinger Straße 3, setze meinen Sohn Simon Fink, geboren am 18.8.1978, als Alleinerben ein.

Zu meinem Ersatzerben bestimme ich dessen Abkömmlinge

nach den Regeln der gesetzlichen Erbfolgeordnung, wiederum ersatzweise meinen Lebensgefährten Max Moormann.

2. Meinem Lebensgefährten Max Moormann wende ich folgende Vermächtnisse zu:

a) Mein Lebensgefährte Max Moormann erhält ein lebenslanges Wohnrecht an meiner Ferienimmobilie in Kitzbühel, Kufsteiner Straße 3.

b) Mein Lebensgefährte Max Moormann erhält mein gesamtes Aktiendepot bei der Stadtsparkasse München.

c) Mein Lebensgefährte Max Moormann erhält sämtliche Bücher, Schallplatten und CDs, die sich bei meinem Ableben in meinem Eigentum befinden.

d) Für obige Vermächtnisse bestimme ich ausdrücklich keinen Ersatzvermächtnisnehmer.

München, den 1.8.2009 Frauke Finke

Tipp vom Steuerberater

Setzen Paare ohne Trauschein ihre Kinder als Erben ein, steht jedem Kind beim Tod des Vaters bzw. beim Tod der Mutter ein Erbschaftsteuerfreibetrag in Höhe von 400.000 Euro zu. (Siehe auf Seite 159).

Die Vermächtnisse zugunsten des Lebenspartners werden vom Finanzamt nach speziellen Richtlinien bewertet und der Erbschaftsteuer unterworfen. Diese Steuerbelastung ist aber im Regelfall deutlich geringer als die Besteuerung bei einer Alleinerbeneinsetzung des Lebenspartners. Der Wert der Vermächtnisse, die der Lebenspartner erhält, wird als Abzugsposten bei der Ermittlung der Erbschaftsteuer, die die Kinder zu tragen haben, berücksichtigt.

Vermächtnisse steuerlich günstiger

Tipp vom Fachanwalt für Erbrecht

Den als Erben eingesetzten Kindern steht grundsätzlich kein Pflichtteilsanspruch zu. Etwas anderes würde nur dann gelten, wenn die vom Erblasser angeordneten Vermächtnisse dazu führen, dass den Erben im Ergebnis zu wenig vom Nachlass verbleibt. In diesem Fall werden die als Erben eingesetzten Abkömmlinge eventuell gemäß § 2306 BGB die Erbschaft ausschlagen und ihren Pflichtteil einfordern.

Ausschlagung des Erben

Dem Testierenden muss also immer bewusst sein, dass er seine pflichtteilsberechtigten Kinder wirtschaftlich vernünftig absichern muss, um zu verhindern, dass seine testamentarischen Anordnungen nach einer Ausschlagung der Kinder ins Leere laufen.

In einem Erbvertrag muss immer geregelt werden, welche Verfügungen vertraglich bindend sind und welche Anordnungen nach dem Tod des Erstversterbenden noch abgeändert oder widerrufen werden können. Der beurkundende Notar kann hierzu ausführlich beraten. Unverheiratete Paare sollten sämtliche Anordnungen im Erbvertrag für den Fall, dass die nichteheliche Lebensgemeinschaft „in die Brüche geht", widerruflich gestalten.

Bindungswirkung des Erbvertrags

Formulierungsvorschlag „Das Paar ohne Trauschein möchte gemeinsam letztwillig verfügen"

Max Moormann und seine Lebensgefährtin Frauke Fink möchten in einer gemeinsamen letztwilligen Verfügung für den Erbfall vorsorgen und wünschen, dass beim Tod des länger Lebenden der gemeinsame Sohn Simon Fink Erbe wird. In einer Beratung durch einen Fachanwalt für Erbrecht haben sie erfahren, dass nur Eheleute (sowie gleichgeschlechtliche, eingetragene Lebenspartnerschaften) ein gemeinschaftliches Testament errichten können (siehe auch Kapitel 4). Der Erbrechtsexperte rät deshalb dem Paar, folgenden Erbvertrag zu errichten, der allerdings der notariellen Beurkundung bedarf:

Vorsorge durch Erbvertrag

Erbvertrag

1. Verfügung für den ersten Todesfall

Wir, Herr Max Moormann, geboren am 16.5.1956, und Frau Frauke Finke, geboren am 21.1.1961, setzen uns in erbvertraglich bindender Weise gegenseitig zum alleinigen Vollerben unseres gesamten Vermögens ein.

2.) Verfügung für den zweiten Todesfall

a) Schlusserbe beim Tod des Überlebenden von uns ist unser Sohn Simon Fink, geboren am 18.8.1978.

b) Zu Ersatzerben berufen wir die Abkömmlinge unseres Sohnes Simon nach gesetzlicher Erbfolgeordnung.

München, den 1.8.2009 Max Moormann
München, den 1.8.2009 Frauke Fink
(Beurkundungsvermerk des Notars)

Das Testament für alleinerziehende Mütter und Väter

Alleinerziehenden Eltern wird es vorrangig darauf ankommen, ihre Kinder für den Erbfall abzusichern; der leibliche Vater bzw. die leibliche Mutter des Kindes soll im Regelfall nichts aus dem Nachlass erhalten.

Formulierungsvorschlag „Testament Alleinerziehender“

Vorsorge durch Einzeltestament

Frauke Fink, alleinerziehende Mutter, möchte, dass ihr gesamtes Vermögen nach ihrem Ableben ihrem Sohn Simon Fink zufällt. Sie könnte folgendes Einzeltestament errichten:

Mein letzter Wille

Ich, Frauke Fink, geboren am 21.1.1961, setze meinen Sohn Simon Fink, geboren am 18.8.1978, zu meinem alleinigen Erben ein.

Ersatzerben sind die Abkömmlinge meines Sohnes Simon nach den Regeln der gesetzlichen Erbfolgeordnung.

München, den 1.8.2009 Frauke Fink

Tipp vom Fachanwalt für Erbrecht

Geschiedenentestament

Alleinerziehende Elternteile, die ihre Kinder als Erben bestimmt haben, sollten beachten, dass für den Fall, dass das Kind nach dem eigenen Tod stirbt, der noch lebende Elternteil gesetzlicher Erbe wird (vorausgesetzt, das Kind ist unverheiratet, hat selbst noch keine eigenen Kinder und kein Testament errichtet). Auf dem Umweg über gemeinsame Kinder können also Ex-Partner (aus Ehen und Partnerschaften ohne Trauschein) am eigenen Nachlass beteiligt werden – auch wenn die Beziehung mit den übelsten Scheidungs- und Trennungsauseinandersetzungen geendet hat und jeglicher Kontakt abgebrochen worden ist. Wer verhindern möchte, dass ein ehemaliger Partner zufällig über das „Rechtsinstitut“ der sogenannten Vor- und Nacherbschaft (Einzelheiten hierzu finden Sie auf Seite 42) eine mehr oder weniger ansehnliche Erbschaft erhält, muss mit einer letztwilligen Verfügung vorsorgen. Diese Gestaltungsmöglichkeit wird ausführlich im folgenden 6. Kapitel auf Seite 65 erläutert.

KAPITEL 6

Geschiedene Leute

Ehegatten gehen nach einer Scheidung auch erbrechtlich getrennte Wege: Stirbt ein geschiedener Ehegatte, bestehen wechselseitig weder erb- noch pflichtteilsrechtliche Ansprüche. Geschiedenen Leuten ist aber oft nicht bewusst, dass sich bei gemeinsamen Kindern mittelbar eine Beteiligung am Nachlass des anderen ergeben kann. Stirbt nämlich nach dem Tod eines Geschiedenen ein gemeinsames Kind, das weder ein Testament noch Abkömmlinge hinterlässt, so würde der geschiedene Ehegatte nach der gesetzlichen Erbfolge als leiblicher Elternteil Erbe des Kindes werden. Der Ex-Partner hätte dann Zugriff auf den Nachlass des gemeinsamen Kindes und wäre so mittelbar auch am Nachlass des geschiedenen Ehegatten beteiligt. Will der geschiedene oder der getrennt lebende Ehegatte dies verhindern, muss er ein sogenanntes „Geschiedenentestament" errichten. Diese spezielle letztwillige Verfügung ist in erbrechtlicher Hinsicht außerordentlich komplex und erfordert präzise, wasserdichte Formulierungen.

Scheidungen und Statistik

Nach den Zahlen des Statistischen Bundesamts endet in Deutschland etwa ein Drittel aller Ehen mit einer Scheidung. Bei rund der Hälfte aller Scheidungen ist mindestens ein Kind unter 18 Jahren vorhanden. Zwei Kinder sind bei gut einem Drittel der geschiedenen Ehen betroffen. Knapp zehn Prozent der geschiedenen Eheleute haben drei oder mehr Kinder unter 18 Jahren.

Ein Drittel aller Ehen scheitert

Scheidung und Erbrecht

Das gesetzliche Erbrecht der Ehegatten (siehe dazu Seite 34) endet nicht erst durch eine rechtskräftige Scheidung, sondern bereits durch den Scheidungsantrag eines oder beider Partner

(§ 1933 BGB). Jeder Ehepartner, der ein Einzeltestament zugunsten seines Ehepartners geschrieben hat, wird das Papier spätestens bei einem Scheidungsantrag zerreißen oder widerrufen und dafür sorgen, dass der andere Ehepartner bei seinem Tod keinen müden Cent bekommt. Ein gemeinsames Ehegattentestament verliert mit dem Scheidungsantrag im Regelfall seine Gültigkeit (§ 2077 BGB). Nur in seltenen Ausnahmefällen kann ein Ehegattentestament die Ehe überdauern, wenn sich aus dem Wortlaut des Testamentes oder durch Auslegung ergibt, dass der Erblasser den Ehegatten auch im Fall der Scheidung bedenken wollte.

Ehegattentestament bei Scheidung ungültig

Tipp vom Steuerberater

Nach dem Abschluss eines Scheidungsverfahrens sollten letztwillige Verfügungen, die ein Geschiedener vor oder nach der Heirat errichtet hat, überprüft und notfalls widerrufen werden. Da hierbei erbrechtliche Formalien zu beachten sind, sollte man sich hier unbedingt von einem Fachmann beraten lassen. Sollen letztwillige Verfügungen trotz der Scheidung weiter gelten, ist zu beachten, dass der geschiedene Ehegatte nur einen Erbschaftsteuerfreibetrag von 20.000 Euro in Anspruch nehmen kann und einem Erbschaftsteuertarif von 30 bis 50 Prozent unterliegt. Aus steuerlicher Sicht macht es somit keinen Sinn, den Ex-Partner letztwillig zu bedenken.

Testamente nach Scheidung prüfen und widerrufen

Unterhaltsansprüche und Erbfall

Verwandte in gerader Linie schulden kraft Gesetz im Falle der Bedürftigkeit Unterhalt. Diese Unterhaltsverpflichtung erlischt, wenn der Unterhaltsschuldner stirbt. Für den Unterhaltsanspruch des geschiedenen Ehegatten nach der Scheidung gilt aber folgende Besonderheit: Die im Scheidungsurteil festgelegte Unterhaltsverpflichtung geht auf die (gesetzlichen oder testamentarischen) Erben als Nachlassverbindlichkeit über (§ 1586b BGB). So haftet etwa die zweite Ehefrau eines ge-

Unterhaltspflichten werden vererbt

schiedenen Erblassers für die Unterhaltsansprüche der ersten Ehefrau. Hier sind allerdings zwei Einschränkungen zu beachten: Zum einen entfällt die Haftung des Erben, wenn der eigene angemessene Unterhalt des Erben gefährdet wäre (§ 1581 BGB). Zum anderen ist der Unterhaltsanspruch auf den „fiktiven" Pflichtteilsanspruch des ehemaligen Ehepartners begrenzt. Der Erbe haftet also nicht über den Betrag hinaus, der dem Pflichtteil entspricht, der dem geschiedenen Ehepartner zustünde, wenn die Ehe nicht geschieden worden wäre.

Begrenzung des Unterhaltsanspruchs

Das Testament des Geschiedenen

Geschiedene, die mit ihrem Ex-Partner gemeinsame Kinder haben, legen in der Regel Wert darauf, dass der andere nicht an ihrem eigenen Nachlass beteiligt wird. Dies lässt sich durch ein Geschiedenentestament regeln.

Geschiedenentestament

Formulierungsvorschlag „Geschiedenentestament"

Als einziges Kind ist aus der Ehe von Max und Frauke Moormann Sohn Simon hervorgegangen. Ein Jahr nach der Scheidung der Ehe erleiden Frauke Moormann und ihr siebenjähriger Sohn Simon einen Verkehrsunfall, bei dem die Mutter noch am Unfallort und ihr Sohn Simon eine Woche später auf der Intensivstation stirbt. Da Frauke Moormann kein Testament errichtet hat, geht ihr gesamtes Vermögen, bestehend aus einer Wohnung, die ihr von ihrem Vater geschenkt wurde, und einem mühsam ersparten Aktiendepot, kraft gesetzlicher Erbfolge in der Sekunde ihres Todes auf ihren Sohn Simon als Alleinerben über. Da Simon kinderlos und ohne eigenes Testament eine Woche später stirbt, wird er kraft gesetzlicher Erbfolge von seinem Vater Max Moormann beerbt. Die Eigentumswohnung und das von Frauke Moormann ersparte Aktiendepot fallen damit auf dem Umweg über das gemeinsame Kind Simon an den geschiedenen Ehemann Max Moormann. Dieselben erbrechtlichen Wirkungen treten ein, wenn Sohn Simon 25 Jahre nach seiner Mutter ohne eigene Abkömmlinge und ohne Errichtung eines eigenen Testamentes stirbt. Wieder würde der gesamte Nachlass von Frauke Moormann mittelbar an den geschiedenen Ehemann fallen. Sofern Frauke Moormann dies verhindern will, sollte sie nach der Scheidung ein Testament errichten. In dieser letztwilligen Verfügung kann Frauke Moormann auch festlegen, dass der Nachlass, den der minderjährige Sohn Simon von Todes wegen erhält, nicht vom leiblichen Vater verwaltet werden darf.

Mein letzter Wille

1. Ich, Frauke Moormann, geboren am 21.1.1961, derzeit wohnhaft in 80798 München, Augustenstraße 10, setze meinen Sohn Simon Moormann, geboren am 18.8.2002, zu meinem befreiten Vorerben ein. Nacherben sind seine Kinder, untereinander zu gleichen Teilen. Wenn mein Sohn Simon kinderlos verstirbt, sind Ersatznacherben die Kinder meiner Schwester Sabine Fink, untereinander zu gleichen Teilen.

2. Wenn mein Sohn Simon zum Zeitpunkt meines Ablebens noch minderjährig ist, entziehe ich nach § 1638 Abs. 1 BGB seinem Vater Max Moormann das Vermögensverwaltungsrecht. Als Ergänzungspflegerin zur Ausübung des Verwaltungsrechts benenne ich meine Schwester Sabine Fink.

München, den 1.8.2009 Frauke Moormann

Ausschluss der Pflichtteilsrechte des leiblichen Elternteils

Die Anordnung einer Vor- und Nacherbfolge verhindert beim Tod des gemeinsamen Kindes nicht nur, dass das Vermögen an den anderen leiblichen Elternteil fällt. Mit dieser Gestaltung wird auch erreicht, dass der Ex-Partner beim Tod des gemeinsamen Kindes keinen Pflichtteilsanspruch gegen die Erben des Kindes geltend machen kann. Zwar haben Eltern beim Ableben eines kinderlosen Kindes an sich einen Pflichtteilsanspruch (§ 2303 Abs. 2 BGB), bei einer Vor- und Nacherbschaft bildet aber der Nachlass, der an das gemeinsame Kind fällt, ein Sondervermögen, das bei der Berechnung des Pflichtteilsanspruchs des leiblichen Elternteils nicht in Ansatz gebracht wird. Der leibliche Elternteil kann dann den Pflichtteilsanspruch lediglich aus dem Eigenvermögen des Kindes berechnen, das im Regelfall relativ gering oder gleich null sein wird.

Kein Pflichtteilsanspruch bei Vorerbschaft

Einzelheiten zum Pflichtteilsrecht finden Sie in Kapitel 16.

KAPITEL 7

Witwen und Witwer

Immer wieder übersehen verwitwete Personen bei der Formulierung ihres letzten Willens, dass ihre Testierfreiheit durch die Bindungswirkung eines früheren Ehegattentestaments eingeschränkt sein kann. Das Testament einer Witwe oder eines Witwers, mit dem zum Beispiel eine im Alter entdeckte „Flamme" oder ein neuer „Geliebter" versorgt werden soll, hat dann keine rechtliche Wirkung. In diesem Fall müssen die Widerrufs- und Anfechtungsmöglichkeiten des länger lebenden Ehegatten zur Erlangung seiner Testierfreiheit bedacht werden.

Alte Bindungen beachten

Verlust der Testierfreiheit aufgrund eines Ehegattentestaments

Hat ein Witwer oder eine Witwe mit dem früheren, verstorbenen Ehegatten ein gemeinschaftliches Testament, zum Beispiel ein „Berliner Testament", errichtet, so kann diese letztwillige Verfügung – mag sie auch Jahre oder Jahrzehnte zurückliegen – zum Verlust der Testierfreiheit führen, mit der Folge, dass eine neue letztwillige Verfügung des Witwers bzw. der Witwe ins Leere geht. Möchte die verwitwete Person den neuen Lebensgefährten oder dessen Kinder als Erben oder Vermächtnisnehmer einsetzen, müssen daher zunächst Ehegattentestamente auf ihre möglicherweise irreversible Bindungswirkung überprüft werden.

Ehegattentestamente gehen neuen Testamenten vor

Bindungswirkung eines Ehegattentestaments

Eheleute, die in ihrem gemeinschaftlichen Testament Erbeinsetzungen, Vermächtnisse oder Auflagen angeordnet haben, wissen oft nicht, dass diese letztwilligen Verfügungen mit dem Ableben eines Ehegatten in der Regel vom Witwer bzw.

der Witwe nicht mehr widerrufen werden können. Der Gesetzgeber ordnet nämlich an:

> **§ 2271 BGB Widerruf wechselbezüglicher Verfügungen**
>
> (1) ...
>
> (2) Das Recht zum Widerruf erlischt mit dem Tod des anderen Ehegatten; der Überlebende kann jedoch seine Verfügung aufheben, wenn er das ihm Zugewendete ausschlägt. ...

Wechselbezügliche Verfügungen

Diese Bindungswirkung gilt aber nur für sogenannte „wechselbezügliche" Verfügungen. Erbeinsetzungen, Vermächtnisse und Auflagen sind dann von den Ehegatten wechselbezüglich gewollt, wenn sie ein Ehegatte nicht ohne die Verfügung des anderen Ehegatten getroffen hätte, also nach dem Willen der Eheleute die eine Verfügung mit der anderen Verfügung „stehen und fallen soll". Da man über diese Definition der Wechselbezüglichkeit und damit über die Frage der Bindungswirkung nach dem ersten Erbfall trefflich streiten kann, sollte ein Ehepaar bei der Errichtung eines gemeinschaftlichen Testamentes immer ausdrücklich klarstellen, welche Anordnungen wechselbezüglich sind und welche frei abänderbar sein sollen. Einen Formulierungsvorschlag hierfür finden Sie auf Seite 48.

Beseitigung der Bindungswirkung durch Ausschlagung

Ausschlagung

Eine – allerdings sehr extreme – Möglichkeit, die Bindungswirkung eines früheren Ehegattentestamentes zu beseitigen und damit die Testierfreiheit wiederzuerlangen, besteht darin, nach dem Tod des Ehegatten dessen Nachlass auszuschlagen (§ 2271 Abs. 2 S. 1 BGB). Die verwitwete Person kann über ihr eigenes Vermögen also nur dann wieder letztwillig verfügen, wenn sie die Erbschaft „ausschlägt" und damit auf den Nachlass des erstverstorbenen Ehegatten verzichtet. In der

Praxis hat diese Möglichkeit, die Bindungswirkung eines Ehegattentestamentes zu beseitigen, keine große Bedeutung, da das Ausschlagungsrecht form- und fristgebunden ist: Die Ausschlagungserklärung muss dem Nachlassgericht gegenüber entweder zur Niederschrift oder in öffentlich beglaubigter Form abgegeben werden (§ 1945 Abs. 1 BGB). Die Ausschlagungsfrist beträgt nur sechs Wochen (§ 1944 BGB), gerechnet ab dem Zeitpunkt, an dem der länger lebende Ehegatte von seiner Erbberufung erfährt (befindet sich der Erblasser oder der Erbe bei Beginn dieser Frist im Ausland, beträgt die Frist ausnahmsweise sechs Monate).

6-Wochen-Frist beachten

Wer gerade seinen Ehepartner verloren hat, denkt meist nicht daran, dass er später vielleicht wieder heiraten oder Kinder bekommen könnte und deshalb innerhalb dieser kurzen Frist die Erbschaft zur Wiedererlangung der Testierfreiheit ausschlagen müsste. Trotzdem ist aus der Sicht des Erbrechtsexperten zu raten, unverzüglich nach dem Erbfall fachlichen Rat zu den Wirkungen eines Ehegattentestamentes einzuholen.

Fachlichen Rat einholen!

Beseitigung der Bindungswirkung durch Anfechtung

Noch weniger bekannt ist die Möglichkeit, die Bindungswirkung eines gemeinschaftlichen Testamentes durch „Anfechtung" zu beseitigen. Die Voraussetzungen, unter denen ein Ehegattentestament wirksam angefochten werden kann, sind vom Gesetzgeber bewusst sehr eng gefasst. Anfechtungserklärungen „ins Blaue hinein" von Angehörigen, die sich aufgrund einer letztwilligen Verfügung benachteiligt fühlen, gehen zu 99,9 Prozent ins Leere, da verkannt wird, dass Anfechtungen nur bei Vorliegen eines Anfechtungsgrundes greifen. Ein besonders wichtiger, dem Bürger oft nicht bekannter Anfechtungsgrund besteht dann, wenn nach Errichtung des Ehegattentestamentes eine pflichtteilsberechtigte Person hinzugekommen ist, die den testierenden Eheleuten beim Verfassen des letzten Willens nicht bekannt war (§§ 2281, 2079 BGB).

Anfechtungsgrund notwendig

Pflichtteilsberechtigte können etwa durch die spätere Geburt oder Adoption eines Kindes oder durch die Wiederheirat des überlebenden Ehegatten nachträglich hinzukommen. Die geringe praktische Bedeutung dieser Anfechtungsmöglichkeit resultiert daraus, dass die Anfechtung in notarieller Form (§ 2282 BGB) gegenüber dem Nachlassgericht innerhalb eines Jahres ab Kenntnis des Anfechtungsgrundes erklärt werden muss.

Anfechtung innerhalb eines Jahres

Das Testament des Witwers/der Witwe

Formulierungsvorschlag „Testament einer wieder verheirateten Witwe"

Max und Frauke Moormann errichten im Jahr 2006 ein klassisches Berliner Testament (siehe auch Seite <), in dem sich die Eheleute für den ersten Erbfall wechselseitig als Alleinerben einsetzen und für den zweiten Erbfall den gemeinsamen Sohn Simon als Schlusserben bestimmen. Da im Ehegattentestament keine besondere Regelung zur Frage der Wechselbezüglichkeit aufgenommen wurde, ist kraft gesetzlicher Vermutung (§ 2270 Abs. 2 BGB) die Schlusserbeneinsetzung des Sohnes Simon bindend und kann damit „an sich" vom länger lebenden Ehegatten nicht mehr durch eine neue Verfügung von Todes wegen abgeändert werden.

Max Moormann am verstirbt 1.8.2008. Die Witwe Frauke Moormann lernt relativ schnell einen neuen Lebensgefährten kennen, Herrn Frank Fink, den sie zwölf Monate nach dem Tod von Max Moormann heiratet. Einen Monat später adoptiert sie Theresa Fink, die Tochter aus der ersten Ehe von Herrn Frank Fink. Frauke Moormann möchte im Rahmen einer neuen letztwilligen Verfügung ihren zweiten Ehemann Frank Fink, den Sohn Simon Moormann und die adoptierte Stieftochter Theresa Fink zu je einem Drittel als Miterben einsetzen und sucht hierzu einen Erbrechtsexperten auf, der ihr folgenden Rat gibt:

Adoption und Heirat sind Anfechtungsgründe

Um die Bindungswirkung des Ehegattentestamentes aus dem Jahr 2006 zu beseitigen, muss Frauke Moormann binnen Jah-

resfrist in notarieller Form gegenüber dem zuständigen Nachlassgericht die Anfechtung des Ehegattentestaments erklären. Sie kann sich hierzu auf zwei Anfechtungsgründe berufen: Zum einen ist der zweite Ehemann Frank Fink durch die Wiederheirat pflichtteilsberechtigte Person (§ 2303 Abs. 2 BGB) geworden. Die Anfechtungsfrist endet ein Jahr nach der Heirat. Zum anderen ist durch die Adoption der Stieftochter Theresa Fink eine weitere pflichtteilsberechtigte Person hinzugekommen, mit der Folge, dass Frauke Moormann innerhalb von einem Jahr, gerechnet ab Wirksamwerden des Adoptionsbeschlusses, die Anfechtung des Ehegattentestamentes erklären kann. Beide Anfechtungsgründe stehen selbständig nebeneinander.

Anfechtung des Ehegattentestaments

Nachdem Frauke Moormann form- und fristgerecht die Anfechtung des Ehegattentestamentes aus dem Jahr 2006 erklärt hat, steht der Nachlass von Max Moormann nicht mehr ihr, sondern dem Sohn Simon als Alleinerben seines Vaters zu. Frauke Moormann kann aber folgendes neue Testament nach Wiedererlangung ihrer Testierfreiheit errichten:

Wiedererlangung der Testierfreiheit

Mein letzter Wille

Ich, Frauke Moormann, geboren am 10.8.1960, derzeit wohnhaft in 80798 München, Augustenstraße 10, erkläre hiermit, dass ich das mit meinem verstorbenen Ehemann Max Moormann errichtete gemeinschaftliche Testament in notarieller Form gegenüber dem Nachlassgericht München angefochten habe und deshalb an der Errichtung dieses Testamentes nicht gehindert bin.

1. Zu meinen Erben setze ich meinen zweiten Ehemann Frank Fink, geboren am 13.8.1950, dessen von mir adoptierte Tochter Theresa Fink, geboren am 14.9.1970, und meinen Sohn aus erster Ehe, Simon Moormann, geboren am 14.12.1981, als Erben zu gleichen Teilen ein. Ersatzerben für meinen Sohn Simon Moormann sowie für meine Adoptivtochter Theresa Fink sind jeweils deren Abkömmlinge nach den Regeln

der gesetzlichen Erbfolgeordnung. Für meinen Ehemann Frank Fink bestimme ich ausdrücklich keinen Ersatzerben, mit der Folge, dass im Falle seines Wegfalls Anwachsung zugunsten der anderen Miterben eintritt.

2. Für den Fall, dass ich vor meinem Ehemann Frank Fink versterbe, erhält dieser im Wege des Vermächtnisses ein lebenslanges Wohnrecht an meiner Immobilie in 80798 München, Augustenstraße 10. Mein Ehemann Frank Fink erhält weiter den gesamten Hausrat und das Inventar, das sich zum Zeitpunkt meines Todes in dieser Immobilie befindet.

3. Ich wünsche Erdbestattung und belaste hiermit meine Erben mit der Auflage, meine Grabstätte für die Dauer der vollen Ruhezeit zu pflegen und zu unterhalten.

München, 1.12.2009 Frauke Moormann

Tipp vom Steuerberater

Freibetrag von Adoptiv- und Stiefkindern

Dem Ehemann Frank Fink steht im Erbfall ein Erbschaftsteuerfreibetrag von 500.000 Euro zu. Der Freibetrag des leiblichen Sohnes Simon Moormann beträgt 400.000 Euro; aufgrund der Adoption steht Theresa Fink ein Freibetrag in gleicher Höhe zu. Gleiches hätte ohne Adoption gegolten, da Stiefkinder erbschaftsteuerlich wie leibliche Kinder behandelt werden, obwohl sie kein gesetzliches Erbrecht haben.

Tipp vom Fachanwalt für Erbrecht

Da in obigem Beispiel Frauke Moormann ihren zweiten Ehemann, den leiblichen Sohn und die Adoptivtochter als Miterben eingesetzt hat, kann es nach dem Erbfall innerhalb dieser Erbengemeinschaft durchaus Meinungsverschiedenheiten, im schlimmsten Fall sogar Streit um den Nachlass geben. Frauke Moormann sollte deshalb überlegen, ob sie nicht zur Streitregulierung vorsorglich Testamentsvollstreckung anordnen und einen geeigneten Testamentsvollstrecker bestimmen sollte. (Einzelheiten zur gerechten Nachlassteilung unter Miterben finden Sie in Kapitel 12 auf Seite 111.) Da Frauke Moormann nach der Wiederheirat nur ein Einzeltestament errichtet hat, kann sie diese letztwillige Verfügung zu einem späteren Zeitpunkt jederzeit und zwar ohne Zustimmung oder Kenntnis ihres Ehemanns Frank Fink abändern oder völlig widerrufen, da Einzeltestamente keine Bindungswirkung entfalten. Würden etwa der zweite Ehemann Frank Fink und die Adoptivtochter Theresa Fink „in Ungnade fallen" und deshalb der leibliche Sohn Simon Moormann durch ein neues Testament als Alleinerbe eingesetzt werden, wären der Ehemann und die Adoptivtochter enterbt und könnten gegen den allein erbenden Sohn Simon nur Ansprüche auf einen „Pflichtteil" (den halben Erbteil) geltend machen.

Einzeltestamente sind nicht bindend

Einzelheiten zum Pflichtteilsrecht und zur Erb- und Pflichtteilsreform finden Sie in Kapitel 16.

KAPITEL 8

Die Patchwork-Familie

Versteht man als „Patchwork-Familie“ im weitesten Sinne eine Familie mit mindestens einem Stiefelternteil, dann trifft das heute in Deutschland auf etwa jeden zehnten Haushalt mit minderjährigen Kindern zu. Aufgrund des Trends zur Ein-Kind-Familie und zur späten Geburt werden Patchwork-Familien allerdings – anders als häufig vermutet – immer seltener. Diese Familienform birgt erhebliche erbrechtliche Risiken, die aber durch individuelle testamentarische Gestaltungen weitestgehend begrenzt werden können.

Risiken der Patchwork-Familie

Grundtypen der Patchwork-Familie

Patchwork-Familien lassen sich in zwei Grundtypen einteilen, die – abhängig davon, ob die Eltern verheiratet sind – im Falle einer gesetzlichen Erbfolge völlig unterschiedliche Nachlassaufteilungen zur Folge haben.

Typ 1: Der Mann und die Frau haben jeweils Kinder aus früheren Beziehungen und sind in zweiter oder dritter Ehe verheiratet

Existiert keine letztwillige Verfügung, so sind beim Tod eines Elternteils der überlebende Elternteil sowie die leiblichen Kinder des Verstorbenen die gesetzlichen Erben. Die Höhe der Erbquote des Witwers bzw. der Witwe hängt von der Zahl der Kinder und vom ehelichen Güterstand ab (siehe Seite 34). Die Stiefkinder erben nur dann, wenn sie vom Stiefvater bzw. der Stiefmutter adoptiert worden sind.

Wer erbt kraft Gesetz?

Eheleute mit Kindern aus verschiedenen Beziehungen möchten sich oft für den ersten Erbfall gegenseitig letztwillig absichern; schlussendlich soll aber das gemeinsame Vermögen nur bei den jeweils eigenen leiblichen Kindern ankommen.

Dies kann zum Beispiel dadurch erreicht werden, dass der andere Ehepartner als Vorerbe und die eigenen Abkömmlinge als Nacherben eingesetzt werden. Wenn der länger lebende Ehegatte später stirbt, haben dessen Abkömmlinge, also seine leiblichen Kinder, keinerlei Erb- oder Pflichtteilsrechte am Nachlass des erstverstorbenen Ehegatten.

Formulierungsvorschlag „Der Ehegatte soll Vorerbe und die eigenen Kinder Nacherben werden"

Ehegatte wird Vorerbe

Max Moormann, verwitwet, hat eine Tochter Theresa aus erster Ehe. Er ist in zweiter Ehe verheiratet mit Frauke Fink, die einen Sohn Simon aus ihrer ersten geschiedenen Ehe hat. Gemeinsame Kinder sind nicht vorhanden. Max Moormann möchte seine zweite Ehefrau für den Erbfall versorgen, gleichzeitig aber sicherstellen, dass sein Nachlass an seine Tochter Theresa fällt, wenn Frauke nach ihm stirbt. Max Moormann möchte insbesondere verhindern, dass sein Stiefsohn Simon, zu dem er kein gutes Verhältnis hat, erbrechtliche Ansprüche auf seinen Nachlass geltend machen kann. Max Moormann könnte folgendes Einzeltestament errichten:

Mein letzter Wille

Ich, Max Moormann, geboren am 16.5.1956, derzeit wohnhaft in 80798 München, Augustenstraße 10, erkläre, dass ich nicht durch ein bindend gewordenes gemeinschaftliches Ehegattentestament oder einen Erbvertrag an der Errichtung dieses Testamentes gehindert bin.

1. Meine Ehefrau, Frauke Fink, geboren am 21.1.1961, setze ich als alleinige und von allen gesetzlichen Beschränkungen befreite Vorerbin ein.

2. Nacherbin ist meine Tochter Theresa Moormann, geboren am 12.2.1976. Wenn die Nacherbin wegfällt, zum Bei-

spiel durch Tod oder Ausschlagung, sind Ersatznacherben ihre Abkömmlinge.

Der Nacherbfall tritt mit dem Tod der Vorerbin ein.

3. Wenn meine Ehefrau, Frauke Fink, wegfällt, zum Beispiel durch Tod vor mir, ist Ersatzerbe meine Tochter Theresa Moormann. Wiederum ersatzweise sind deren Abkömmlinge Ersatzerben.

München, 1.8.2009 Max Moormann

Tipp vom Fachanwalt für Erbrecht

Beim Tod von Max Moormann wird im obigen Beispiel Frauke Fink alleinige Vorerbin. Die Vorerbschaft bildet eine Art Sondervermögen, mit der Folge, dass beim späteren Tod von Frau Fink die Vorerbschaft direkt an die Tochter Theresa Moormann fällt. Stiefsohn Simon Fink kann Erb- oder Pflichtteilsrechte nur aus dem Eigenvermögen von Frau Fink, nicht aber aus der Vorerbschaft geltend machen. Die Anordnung einer Vor- und Nacherbschaft ist damit ein probates Mittel, um sicherzustellen, dass Stiefkinder nicht auf den eigenen Nachlass zugreifen können. Alternativ zur Anordnung einer Vor- und Nacherbschaft bietet es sich an, die jeweiligen eigenen Kinder als Vollerben einzusetzen und den Ehegatten durch Geld-, Nießbrauchs-, Wohnungsrechts- und/oder Hausratsvermächtnisse zu versorgen. Die Durchsetzung dieser Vermächtnisse lässt sich durch die Einsetzung des Ehegatten als Testamentsvollstrecker absichern.

Vorerbschaft schützt vor Pflichtteilshaftung

Formulierungsvorschlag „Die leiblichen Kinder werden Erben; der Ehegatte erhält Vermächtnisse"

Max Moormann möchte seine Tochter Theresa aus erster Ehe als Alleinerbin einsetzen und seine zweite Ehefrau Frauke Fink im Wege eines Vermächtnisse versorgen. Er könnte folgendes Einzeltestament errichten:

Ehegatte erhält nur Vermächtnisse

Mein letzter Wille

Ich, Max Moormann, geboren am 16.5.1956, derzeit wohnhaft in 80798 München, Augustenstraße 10, erkläre, dass ich nicht durch ein bindend gewordenes gemeinschaftliches Ehegattentestament oder einen Erbvertrag an der Errichtung dieses Testamentes gehindert bin.

1. Ich, Max Moormann, setze meine Tochter Theresa Moormann, geboren am 12.2.1976, zu meiner alleinigen Vollerbin ein.

Ersatzerben sind deren Abkömmlinge nach den Regeln der gesetzlichen Erbfolgeordnung.

2. Meine Ehefrau, Frauke Fink, geboren am 21.1.1961, erhält im Wege des Vermächtnisses
a) meinen Anteil am gesamten Hausrat und an allen Wohnungseinrichtungsgegenständen, einschließlich Kraftfahrzeug;
b) das lebenslange Wohnungsrecht an meiner Wohnung in 80798 München, Augustenstraße 10;
c) einen Geldbetrag von 200.000 Euro.
d) Einen Ersatzvermächtnisnehmer bestimme ich ausdrücklich nicht.

3. Ich ordne Testamentsvollstreckung an. Der Testamentsvollstrecker hat die Aufgabe, für die Ausführung obiger Vermächtnisse zu sorgen. Die Testamentsvollstreckung endet mit Erfüllung obiger Vermächtnisse. Der Testamentsvollstrecker erhält eine angemessene Vergütung, die sich im Zweifel an den Richtlinien des Deutschen Notarvereins orientiert.

Zum Testamentsvollstrecker mit dem Recht, einen Nachfolger zu bestimmen, ernenne ich meine Ehefrau, Frauke Fink, geboren am 21.1.1961.

München, 1.8.2009 Max Moormann

Typ 2: Mann und Frau haben Kinder aus früheren Beziehungen und sind nicht verheiratet

Kinder sind gesetzliche Erben

Bei der gesetzlichen Erbfolge erben nur die leiblichen Kinder; der Lebenspartner geht erbrechtlich völlig leer aus und ist damit, wenn er über kein eigenes Einkommen oder Vermögen verfügt, wirtschaftlich nicht versorgt. Ob die leiblichen Kinder des Verstorbenen den überlebenden Lebenspartner finanziell unterstützen, ist fraglich.

Unterhaltsansprüche regeln

Lebenspartner, die diesen „rechtsfreien" Zustand als zu unsicher empfinden, können ihr Zusammenleben jedoch vertraglich regeln: So können zum Beispiel Unterhaltsansprüche für die Zeit vor und nach einer Trennung festgelegt werden und es kann weiter bestimmt werden, wem welches Vermögen (Wohnung, Pkw, Bankkonten) gehören soll. Weiters können für den Lebenspartner und dessen Kinder Nutzungs- und Wohnrechte vereinbart werden. Will das Paar auch für den Erbfall vorsorgen, muss eine letztwillige Verfügung errichtet werden. Unverheiratete Eltern können dabei nicht durch ein gemeinschaftliches Testament vorsorgen. Sie können nur Einzeltestamente errichten, die aber vom Testierenden jederzeit widerrufen werden können, ohne dass der andere Lebenspartner hiervon erfährt. Einzeltestamente bieten also – anders als Ehegattentestamente, die im Normalfall von der Witwe bzw. dem Witwer nicht mehr abgeändert werden können (siehe Seite <) – keine verlässliche Nachlassregelung. Will das Paar einerseits unverheiratet bleiben, andererseits bindende Verfügungen von Todes wegen errichten, die nur noch gemeinsam abgeändert werden können, so bleibt nur die Errichtung eines Erbvertrages, der für seine Wirksamkeit der notariellen Beurkundung bedarf.

Kein gemeinschaftliches Testament

Erbvertrag möglich

Formulierungsvorschlag „Der Lebenspartner und die Stiefkinder erhalten Vermächtnisse. Die leiblichen Kinder werden Erben."

Der Witwer Max Moormann hat eine Tochter namens Theresa Moormann und lebt seit fünf Jahren mit Frauke Fink zusam-

Kinder werden testamentarische Erben

men, die einen erwachsenen Sohn Siegfried hat. Max Moormann und Frauke Fink sind nicht verheiratet und haben einen gemeinsamen Sohn Simon. Max Moormann möchte seine Tochter Theresa und seinen Sohn Simon als Miterben einsetzen und Frauke Fink durch Vermächtnisse absichern. Herr Moormann könnte folgendes Einzeltestament errichten:

Mein letzter Wille

Ich, Max Moormann, geboren am 16.5.1956, derzeit wohnhaft in 80798 München, Augustenstraße 10, erkläre, dass ich nicht durch ein bindend gewordenes gemeinschaftliches Ehegattentestament oder einen Erbvertrag an der Errichtung dieses Testamentes gehindert bin.

1. Zu meinen Erben setze ich meine Tochter Theresa Moormann, geboren am 12.2.1976, und meinen Sohn Simon Fink, geboren am 30.6.2004, je zur Hälfte ein.

Ersatzerben sind jeweils deren Abkömmlinge nach den Regeln der gesetzlichen Erbfolgeordnung. Wiederum ersatzweise soll Anwachsung eintreten.

2. Meine Lebensgefährtin, Frauke Fink, geboren am 21.1.1961, erhält im Wege des Vermächtnisses:
a) einen Geldbetrag von 200.000 Euro;
b) ein lebenslanges Wohnrecht an meiner Immobilie in 80798 München, Augustenstraße 10;
c) den gesamten Hausrat und das Inventar, das sich bei meinem Ableben in der Immobilie in München, Augustenstraße 10, befindet, sowie meinen Pkw.

3. Siegfried Fink, geboren am 16.9.1979, der Sohn aus der ersten Ehe meiner Lebensgefährtin, Frauke Fink, erhält meinen Oldtimer Marke Jaguar E-Type.

4. Für die Vermächtnisse gemäß Ziffer 2 und Ziffer 3 bestimme ich ausdrücklich keinen Ersatzvermächtnisnehmer.

München, 1.8.2009 Max Moormann

Tipp vom Steuerberater

Kinder des Erblassers können einen Erbschaftsteuerfreibetrag von jeweils 400.000 Euro in Anspruch nehmen. Der gleiche Erbschaftsteuerfreibetrag steht auch Stiefkindern zu. Da im obigen Beispiel Max Moormann und Frauke Fink nicht verheiratet sind, ist beim Tod von Max Moormann der Sohn aus der ersten Ehe von Frauke Fink kein „Stiefkind" im Sinne des Erbschaftsteuergesetzes. Siegfried Fink kann deshalb nicht den Freibetrag in Höhe von 400.000 Euro, sondern nur von 20.000 Euro in Anspruch nehmen (siehe auch Seite 159). Übersteigt der Verkehrswert des Oldtimers, den Siegfried Fink vermächtnisweise erhalten soll, diesen Freibetrag von 20.000 Euro, so wird auf den darüber hinausgehenden Betrag eine Erbschaftsteuer von 30 Prozent fällig. Große Freude über das Vermächtnis wird deshalb bei Siegfried Fink nicht aufkommen.

Unterschiedliche Steuerfreibeträge

Gleiches gilt für die Vermächtnisse, die die Lebensgefährtin Frauke Fink von Max Moormann erhalten hat. Da die Lebenspartner nicht verheiratet sind, steht Frauke Fink auch nur ein Freibetrag von 20.000 Euro zu. Das Finanzamt ermittelt den Wert des Wohnrechts, rechnet das Barvermächtnis, den Wert des Hausrats und des Inventars zusammen und verlangt von Frauke Fink, von dem Betrag, der über 20.000 Euro liegt, 30 Prozent Erbschaftsteuer. Nicht verheirateten Lebenspartnern, die letztwillig verfügen, muss also bewusst sein, dass das Finanzamt mit nahezu einem Drittel am Nachlass beteiligt wird. Die Lebenspartner sollten sich deshalb gut überlegen, ob sie nicht doch in den „sicheren Hafen der Ehe" wechseln. Die Kosten für die Gestaltung und Beurkundung eines klug formulierten Ehevertrages machen nur einen Bruchteil der ohne Heirat anfallenden Erbschaftsteuer aus.

Ein Drittel erhält das Finanzamt

Ein Lebenspartner ist verwitwet

Hat ein verwitweter Elternteil mit seinem früheren Ehegatten ein gemeinschaftliches Testament oder einen Erbvertrag errichtet, muss geprüft werden, ob diese Verfügungen bindend sind, bevor ein neues Testament zugunsten des Lebenspartners errichtet werden kann. Einzelheiten hierzu finden Sie auf Seite 71.

Ein Lebenspartner ist geschieden

Ehegattentestamente werden mit Scheidung unwirksam

Geschiedene Ehegatten müssen – bevor sie eine neue Verfügung von Todes wegen zugunsten des Lebenspartners errichten – ein gemeinschaftliches Testament, das sie mit ihrem früheren Ehegatten errichtet haben, prüfen lassen: Ehegattentestamente werden zwar gemäß § 2077 BGB im Normalfall mit der Scheidung (besser gesagt: bereits mit dem beim Familiengericht eingereichten Scheidungsantrag) unwirksam. Dies gilt nach der gesetzlichen Regelung aber dann nicht, wenn anzunehmen ist, dass die Eheleute die Fortgeltung des Testamentes trotz Scheidung gewollt haben. Dies könnte zum Beispiel der Fall sein, wenn die Eltern eines geistig behinderten Kindes ihre letztwillige Verfügung gerade deshalb errichtet haben, um dieses Kind umfassend für die Zeit nach dem Tod von Vater und Mutter abzusichern. Das Ehepaar wird die Absicherung des Kindes über die gemeinsame letztwillige Verfügung auch dann noch wünschen, wenn es geschieden ist. Geschiedene Leute, die den neuen Lebenspartner letztwillig versorgen wollen, müssen also immer durch einen Erbrechtsexperten prüfen lassen, ob ein früheres Ehegattentestament trotz Scheidung für die Erbfolge maßgeblich ist. Möchte der Lebenspartner seine Testierfreiheit wiedererlangen, muss er die Bindung des früheren Ehegattentestamentes durch Anfechtung beseitigen. Hierzu muss er entweder den Lebenspartner heiraten oder eines der Stiefkinder adoptieren. In diesen Fällen kann ein Lebenspartner, der bereits per Ehegattentestament gebunden ist, diesen letzten Willen gemäß § 2079 BGB anfechten und danach neu testieren (siehe Seite 73).

Geschiedene Personen, die mit dem Ex-Partner ein gemeinsames Kind haben, müssen Folgendes beachten: Stirbt der geschiedene Elternteil, ohne ein Testament errichtet zu haben, so wird er kraft gesetzlicher Erbfolge von seinem leiblichen Kind beerbt. Wenn nun dieses Kind nachverstirbt, ohne eigene Abkömmlinge oder ein Testament zu hinterlassen, so wird der leibliche Vater bzw. die Mutter, also der Ex-Ehepartner, gesetzlicher Erbe. Geschiedene Personen, die verhindern wollen, dass dem Ex-Partner mittelbar über ein gemeinsames Kind der Nachlass zufällt, müssen ein sogenanntes Geschiedenentestament errichten (Einzelheiten hierzu finden Sie auf den Seiten 65 in Kapitel 6).

Geschiedenentestament

Nicht bekannt ist oft, dass der Ex-Ehegatte seinen Anspruch auf nachehelichen Unterhalt gemäß § 1586b BGB gegen die Erben des geschiedenen Ehegatten geltend machen kann (Einzelheiten hierzu finden Sie auf Seite 66).

Pflichtteilsrisiken bei Patchwork-Familien

Bei der Gestaltung letztwilliger Verfügungen muss der Testierende stets den Kreis der pflichtteilsberechtigten Personen im Auge haben: Dies sind zum einen seine leiblichen und adoptierten Kinder, ein möglicherweise noch nicht geschiedener, aber getrennt lebender Ehegatte und bei kinderlosen Erblassern dessen Eltern. Stiefkindern oder Geschwistern des Erblassers steht dagegen kein Pflichtteilsrecht zu. Der Erblasser sollte versuchen, mit den pflichtteilsberechtigten Personen einen – beurkundungspflichtigen – Pflichtteilsverzichtsvertrag abzuschließen, der in der Regel nur gegen Zahlung einer Abfindung zu erhalten sein wird. Der Erblasser sollte auch darauf achten, dass etwaige lebzeitige Schenkungen an diese Pflichtteilsberechtigten „unter Anrechnung auf den Pflichtteil“ erfolgen.

Kein Pflichtteilsrecht für Stiefkinder und Geschwister

Zum Pflichtteilsrecht siehe auch Kapitel 16.

Tipp vom Fachanwalt für Erbrecht

Standardlösungen vermeiden

Bei der Gestaltung letztwilliger Verfügungen für die Mitglieder von Patchwork-Familien verbietet sich jede „Standardlösung von der Stange". Hier sollte man einen Erbrechtsexperten konsultieren, der individuelle Lösungen entsprechend den konkreten familiären Verhältnissen entwickeln kann.

KAPITEL 9

Das Testament für überschuldete Kinder

Kinder, die zur Verschwendung neigen oder – nach einer gescheiterten Firmengründung – nicht unbedingt aus eigenem Verschulden überschuldet sind, bereiten ihren Eltern schlaflose Nächte am laufenden Band, zumal die Aussichten auf Problemlösung meist nicht gegeben sind. Solange Vater oder Mutter noch leben, können sie ihre Problemkinder zur Sicherung des Lebensunterhalts finanziell unterstützen oder sogar Schulden der Kinder bei Banken und sonstigen Gläubigern ablösen. Werden die Eltern älter, selbst gebrechlich oder schwer krank, stehen sie allerdings vor der schwierigen Frage, wie im Erbfall der eigene Nachlass für die weitere Versorgung der Kinder erhalten und dem Zugriff von Gläubigern entzogen werden kann. Mit einem klug gestalteten Testament können die Eltern den Verlust des Vermögens für die Familie vermeiden und den laufenden Unterhalt für das verschwenderische oder – aus welchem Grund auch immer – verschuldete Kind sichern.

Schutz des Nachlasses vor Gläubigern

Enterbung des Sorgenkindes

Keine sinnvolle Lösung stellt es dar, wenn Eltern das verschwenderische oder überschuldete Kind enterben und ein anderes Familienmitglied als Alleinerben einsetzen. Enterbte Kinder haben einen Pflichtteilsanspruch in Höhe der Hälfte des gesetzlichen Erbteils (vgl. Seite 150). Eltern müssen daher damit rechnen, dass ein Kind, das in eine finanzielle Schieflage geraten ist, nach dem Tod eines Elternteils seinen Pflichtteil einfordern wird. Gläubiger des Kindes können diesen Pflichtteilsanspruch aber nur dann pfänden, wenn er durch Vertrag mit den Erben anerkannt oder durch Klage geltend gemacht geworden ist (§ 852 ZPO).

Pflichtteil kann von Gläubigern gepfändet werden

Pflichtteils-entziehung selten mög-lich

Eltern, die daran denken, ihrem Sorgenkind den Pflichtteil zu entziehen, werden nach Beratung durch einen Erbrechtsexperten schnell feststellen, dass der Gesetzgeber die Voraussetzungen für eine Pflichtteilsentziehung in § 2333 BGB außerordentlich eng gefasst hat. Der Pflichtteilsentziehungsgrund des ehrlosen und unsittlichen Lebenswandels (§ 2333 Nr. 5 BGB) ist angesichts des heutigen Wertewandels weitgehend bedeutungslos und wird von der Rechtsprechung zum Beispiel bei gewerbsmäßigem Glücksspiel, nicht aber bei Trunksucht oder Prostitution angenommen.

Pflichtteilsverzicht vor dem Erbfall

Eltern, die etwa einen größeren Kreditbetrag im Namen des überschuldeten Kindes an einen Gläubiger bezahlen, können dies davon abhängig machen, dass das Kind einen notariell beurkundungspflichtigen Pflichtteilsverzicht erklärt. In diesem Fall hätte das Kind bei einer Enterbung keinen Pflichtteilsanspruch gegenüber dem testamentarischen Erben mehr. Im Pflichtteilsverzichtsvertrag könnte außerdem bestimmt werden, dass bei Schuldenfreiheit des Kindes zum Zeitpunkt des Erbfalls der Verzicht nicht mehr gilt. Hier ist aber darauf zu achten, dass der Begriff der „Schuldenfreiheit“ präzise definiert wird.

Zuwendungen trotz Überschuldung des Kindes

Wohnrecht unpfändbar

Eltern fragen häufig, ob den überschuldeten Kindern durch ein Testament unpfändbares Vermögen zugewendet werden kann. Hier bieten sich folgende Lösungen an: Dem überschuldeten Kind kann per Vermächtnis ein Wohnrecht (zum Beispiel an einer Immobilie des Erblassers) zugewendet werden. Dieses Wohnrecht wäre dann unpfändbar. Anders ist dies bei einem „Nießbrauchsvermächtnis“ an einer Wohnung. Der Nießbrauch wäre nicht „vollstreckungsfest“; ein Gläubiger könnte zum Beispiel den Wert des Nießbrauchs – etwa den

Mietwert – jeden Monat einziehen. Wieder anders stellt sich die Lage bei einem Rentenvermächtnis dar. Leistungen, die ein überschuldetes Kind aufgrund eines solchen Vermächtnisses erhält, sind in Höhe des jeweiligen Pfändungsfreibetrages nach § 850c ZPO unpfändbar. Insgesamt stellen diese Zuwendungen aber allenfalls eine gewisse Grundversorgung sicher und lösen das Problem nicht grundlegend.

Pflichtteilsbeschränkung in guter Absicht

Zwischen die Enterbung des überschuldeten Kindes mit der Folge, dass es den vollen Pflichtteil verlangen kann, und der (in der Praxis kaum relevanten) Pflichtteilsentziehung, hat der Gesetzgeber die sogenannte Pflichtteilsbeschränkung in guter Absicht (§ 2338 BGB) gesetzt. Ziel einer solchen Pflichtteilsbeschränkung ist es, das Familienvermögen zugunsten der Kinder und deren Erben zu erhalten. Durch eine Art „Zwangsfürsorge" wird der spätere Nachlass der Eltern vor der Verschwendungssucht ihres Erben und vor dem Zugriff seiner Gläubiger weitgehend bewahrt. Mit der Pflichtteilsbeschränkung in guter Absicht wird ein doppelter Zweck verfolgt: Auf der einen Seite wird dem Kind der laufende Unterhalt gesichert, zum anderen wird der Pflichtteil vor Verschwendung und Verschuldung geschützt.

„Gut gemeinte" Pflichtteilsbeschränkung

Voraussetzungen einer Pflichtteilsbeschränkung

Eine Pflichtteilsbeschränkung in guter Absicht, die nur durch letztwillige Verfügung angeordnet werden kann, erfordert die Verschwendungssucht oder die Überschuldung des Kindes:

- Verschwendungssucht liegt vor, wenn der Pflichtteilsberechtigte einen Hang zur zweck- und nutzlosen Vermögensverwendung hat, der seine Lebensweise prägt. Ein großzügiger Lebensstil oder ein „Leben über die Verhältnisse" reichen hingegen nicht aus.

Verschwendungssucht des Kindes

Überschuldung des Kindes

- Überschuldung liegt vor, wenn die Verbindlichkeiten das sonstige Vermögen des Kindes übersteigen.

Durch die Verschwendungssucht oder Überschuldung muss sich eine erhebliche Gefährdung des Nachlasses ergeben, das heißt, es muss zu erwarten sein, dass der Nachlass entweder durch die Gläubiger des Kindes gepfändet oder durch das Kind selbst vergeudet wird und auf die eine oder andere Weise verloren geht. Der Sachverhalt, der die Eltern zu einer Pflichtteilsbeschränkung in guter Absicht veranlasst, muss im wesentlichen Kern im Testament selbst beschrieben sein. Eine Formulierung wie zum Beispiel *„Ich beschränke den Pflichtteil meines Sohnes, weil er verschuldet ist.“* würde den Anforderungen des § 2338 BGB nicht genügen.

Tipp vom Fachanwalt für Erbrecht

Dokumentation der Gründe

Der Sachverhalt und die Beweismittel für die Verschwendungssucht oder die Überschuldung des Kindes sollten sorgfältig und umfassend dokumentiert und dem Testament als Anlage beigefügt werden. Nur so ist sichergestellt, dass die gut gemeinte Pflichtteilsbeschränkung ihr Ziel auch tatsächlich erreicht. Positiv für das Kind ist, dass die Pflichtteilsbeschränkung automatisch unwirksam wird, wenn die Überschuldung des Kindes beim Tod des Vaters bzw. der Mutter nicht mehr besteht oder das Kind sich nachweisbar auf Dauer von dem verschwenderischen Lebenswandel abgewendet hat.

Formulierungsvorschlag „Pflichtteilsbeschränkung in guter Absicht“

Der Witwer Max Moormann, macht sich große Sorgen um seinen Sohn Simon, der vor einigen Jahren mit seiner Existenzgründung kläglich gescheitert ist und nun kein eigenes Vermögen mehr hat, dafür aber Bankverbindlichkeiten in Höhe von 300.000 Euro. Sohn Simon hat eine Tochter Theresa, um die er sich liebevoll kümmert. Max Moormann möchte deshalb seinem Sohn in einer letztwilligen Verfügung eine gewisse Grundversorgung zukommen lassen, wünscht aber im Übrigen, dass letzt-

lich das Vermögen an seine Enkeltochter Theresa fallen soll.
Max Moormann könnte folgendes Einzeltestament errichten:

Mein letzter Wille

1. Ich, Max Moormann, geboren am 16.5.1956, derzeit wohnhaft in 80798 München, Augustenstraße 10, setze meinen Sohn Simon Moormann, geboren am 18.8.1978, als Vorerben ein.

Einen Ersatzvorerben bestimme ich ausdrücklich nicht.

2. Der Nacherbfall tritt mit dem Tode des Vorerben ein. Nacherben sind die Abkömmlinge meines Sohnes, ersatzweise deren Abkömmlinge.

3. Grund für die Beschränkung ist die starke Verschuldung meines Sohnes Simon. Er hat zum Aktenzeichen des Amtsgerichts München (...) die eidesstattliche Versicherung abgegeben. Sein Arbeitslohn wurde gepfändet. Das Amtsgericht hat die Zwangsversteigerung seiner Eigentumswohnung in 80799 München, Schellingstraße 3, angeordnet. Durch diese Überschuldung ist der spätere Erwerb seines Erbes erheblich gefährdet. Deshalb wurden er zum Vorerben und seine Kinder zu Nacherben eingesetzt.

4. Unwirksam wird die Beschränkung bei dauernder Besserung oder Wegfall der Überschuldung zum Zeitpunkt meines Todes.

5. Ich ordne Verwaltungstestamentsvollstreckung für die Vorerbschaft und Nacherbentestamentsvollstreckung an. Die Testamentsvollstreckung bezieht sich auch auf die Reinerträge aus der Vorerbschaft. Der Testamentsvollstrecker hat den Vorerben die zur Bestreitung seines Lebensunterhaltes und zur Erfüllung seiner Unterhaltspflichten erforderlichen Erträge auszuzahlen. Wenn mein Sohn als Erbe wegfällt und seinen Pflichtteil verlangt, unterliegt dieser ebenfalls den Beschränkungen nach § 2338 BGB.

Zum Testamentsvollstrecker bestimme ich Herrn Steuerberater Michael Klug, Mühlbaurstraße 1, 81677 München, mit dem Recht, einen Nachfolger zu bestimmen.

Sollte der Testamentsvollstrecker das Amt nicht annehmen oder vor oder nach dem Erbfall wegfallen, dann soll der Vorstand des Netzwerkes Deutscher Testamentsvollstrecker e.V. mit Sitz in 12163 Berlin, Schlossstr. 26, einen geeigneten Ersatztestamentsvollstrecker bestimmen.

Ich ordne an, dass der Testamentsvollstrecker eine angemessene Vergütung erhält, die sich im Zweifel an den Richtlinien des Deutschen Notarvereins orientiert.

München, 1.8.2009 Max Moormann

Vorerbschaft und Testamentsvollstreckung bieten Gläubigerschutz

Durch die Kombination der Vor- und Nacherbschaft mit einer Verwaltungsvollstreckung wird der maximale Schutz des Familienvermögens erreicht. Der Testamentsvollstrecker hat die Aufgabe, dem überschuldeten bzw. verschwenderischen Kind die Einkünfte, die aus dem Nachlass erzielt werden, als laufende Unterhaltszahlungen zu überlassen. Die Anordnung einer Vor- und Nacherbfolge hat außerdem die positive Konsequenz, dass die Gläubiger des Kindes gemäß § 2115 BGB nicht in die Vorerbschaft vollstrecken können. Das Kind selbst kann über die Vorerbschaft nicht mit Testament verfügen, so dass die Vorerbschaft beim Tod des Kindes zwingend an den Nacherben fällt.

Tipp vom Fachanwalt für Erbrecht

Leider ist die „gut gemeinte" Pflichtteilsbeschränkung in der Gestaltungspraxis kaum bekannt. Viele Eltern von Sorgenkindern würden auf diese Möglichkeit, den Nachlass den Enkelkindern zu erhalten, zurückgreifen, wenn sie davon wüssten.

Zum Pflichtteilsrecht und zur Reform des Erb- und Pflichtteilsrechts siehe auch Kapitel 16.

KAPITEL 10

Das Testament zugunsten eines behinderten Kindes

Die Pflege behinderter Menschen – sei es in einem Heim oder zu Hause – verursacht in der Regel hohe Kosten. Für die Unterbringung in einem Pflegeheim, die personalintensive Bereitschaft rund um die Uhr sowie die individuelle Therapie und Betreuung der Betroffenen sind pro Monat meist mehrere tausend Euro zu bezahlen. Auch die häusliche Pflege kann aufgrund von Personalkosten – je nach Fall – außerordentlich teuer sein. Für die Finanzierung der Pflege behinderter Menschen sind in erster Linie die Pflegeversicherung und die Betroffenen selbst zuständig. Erst dann, wenn die Leistungen der Versicherung und die Zuzahlungen des behinderten Menschen nicht ausreichen, werden die nahen Verwandten herangezogen. Sind auch diese nicht leistungsfähig, kommt der Staat über die Sozialhilfe für die Kosten auf. Bei behinderten Kindern teilen sich also in der Regel die Pflegeversicherung und der Staat die Finanzierung der Pflege. Denn die Kinder haben so gut wie nie ein eigenes Einkommen und Vermögen.

Pflegekosten für behinderte Kinder

Was passiert, wenn eine Person mit einer Behinderung nach dem Tod eines Elternteils ein Vermögen erbt? Der zuständige Sozialhilfeträger fordert nun, dass sie für die Zuzahlungen zu den Pflegekosten ihr eigenes Vermögen einsetzt. Viele Eltern behinderter Kinder befürchten, dass nach ihrem Tod das vererbte Vermögen für die Finanzierung von Pflegekosten in wenigen Monaten oder Jahren aufgebraucht wird. Aber hierzu gibt es einen Ausweg: Ein „Behindertentestament“ ermöglicht es den Eltern, ihren Nachlass für das behinderte Kind und die Familie zu erhalten.

„Behindertentestament“ schützt den Nachlass

Kein Schutz behinderter Menschen bei gesetzlicher Erbfolge

Keine Vorsorge bei gesetzlicher Erbfolge

Nach der gesetzlichen Erbfolge, die in Kraft tritt, wenn die Eltern kein Testament errichtet haben, erbt das Kind neben etwaigen Geschwistern und dem anderen noch lebenden Elternteil. Das behinderte Kind ist nun auf einmal in der Lage, anstelle der Sozialhilfe die Kosten der eigenen Pflege für Monate oder Jahre aus der Erbschaft zu finanzieren. Es verliert dadurch den Anspruch auf Sozialhilfe, bis das Vermögen aufgebraucht und lediglich ein erlaubtes „Schonvermögen" (Hausrat, sofern vorhanden, angemessene Eigentumswohnung für den Eigenbedarf, circa 2.600 Euro Bargeld) übriggeblieben ist. Denn die Sozialhilfe greift immer erst nachrangig ein, also dann, wenn sich der Betroffene selbst nicht (mehr) helfen kann. Je nach Einzelfall erscheint es unausweichlich, ein mühsam von den Eltern erspartes Vermögen in einer relativ kurzen Zeitspanne für die Finanzierung der Pflege auszugeben.

Enterbung behinderter Angehöriger keine gute Lösung

Sozialhilfeexpress bei Enterbung

Manche Eltern behinderter Kinder versuchen, den Zugriff des Sozialhilfeträgers auf den Nachlass durch eine Enterbung des behinderten Kindes auszuschließen. Dabei wird aber übersehen, dass ein enterbtes Kind in jedem Fall den Anspruch auf den Pflichtteil (Hälfte des gesetzlichen Erbteils) hat. Diesen Pflichtteilsanspruch kann der Sozialhilfeträger auf sich überleiten und gegen den Erben geltend machen. Auf eine Entscheidung des pflichtteilsberechtigten Kindes bzw. seines Betreuers kommt es dabei nach der Rechtsprechung nicht an. Die Enterbung des behinderten Kindes vermeidet also nicht den Sozialhilferegress, sondern reduziert nur den Haftungsumfang auf die Hälfte.

Zum Pflichtteilsrecht siehe auch Kapitel 16.

Behindertentestament als bessere Alternative

Eine wesentlich bessere Alternative als die Enterbung stellt ein „Behindertentestament" dar – damit können Eltern das Familienvermögen erhalten und dem behinderten Kind helfen. Dieses Testament ist in seiner rechtlichen Ausgestaltung außerordentlich komplex und erfordert deshalb eine eingehende Beratung durch einen Erbrechtsexperten. An dieser Stelle sollen nur die zwei „Grundbausteine" eines Behindertentestaments erläutert werden:

Vorerbschaft vermeidet Sozialhilfe-regress

- **Erster Baustein:** Das behinderte Kind wird als Vorerbe eingesetzt, andere Familienangehörige (zum Beispiel Geschwister oder Enkel) oder eine gemeinnützige Institution werden als Nacherben bestimmt. Die Nacherbschaft tritt dabei mit dem Tod des behinderten Kindes ein. Die Erbquote, die das behinderte Kind als Vorerbe erhält, muss dabei immer höher als sein Pflichtteil sein. Ansonsten entsteht ein sogenannter Pflichtteilrestanspruch (§ 2305 BGB), der dem Zugriff des Sozialhilfeträgers ausgesetzt wäre.
- **Zweiter Baustein:** Zusätzlich wird eine Dauertestamentsvollstreckung für die gesamte Lebenszeit des Menschen mit Behinderung angeordnet. Je nach Bedarf des eigenen Kindes und der familiären Situation übertragen die Eltern dem Testamentsvollstrecker die Aufgabe, dem Vorerben bestimmte Leistungen aus dem Nachlass zukommen zu lassen. Auf diese Weise ist es möglich, die Lebensqualität für den Betroffenen entscheidend zu verbessern. Ein engagierter Testamentsvollstrecker kann nun aus dem Erbe zusätzliche Pflege, aufwändigere Therapien sowie andere, im Einzelfall für den Betroffenen wichtige Dinge finanzieren, für die weder die Pflegeversicherung noch der Staat (über die Sozialhilfe) aufkommt.

Testamentsvollstreckung zur Versorgung des Behinderten

Ist das Behindertentestament sittenwidrig?

Juristen haben lange Zeit über die Frage gestritten, ob der durch ein Behindertentestament bewirkte Schutz privaten Vermögens vor staatlichem Zugriff überhaupt moralisch vertretbar ist. Ist es nicht sittenwidrig, dass durch eine geschickte Gestaltung einer letztwilligen Verfügung eine Person mit Behinderung in den Genuss staatlicher Leistungen kommt, obwohl er eigenes – vielleicht sogar beträchtliches – Vermögen von seinen Eltern geerbt hat? Der Bundesgerichtshof (BGH) hat im Jahr 1993 in einer Grundsatzentscheidung diese Frage beantwortet und das Behindertentestament im Regelfall für zulässig erklärt. Die Richter erkannten ein „billigenswertes Interesse" für ein Behindertentestament an, wenn es sich um kleinere oder mittlere Nachlässe handelt. Was bei größeren Vermögen gilt und wo die „kritische" Grenze liegt, ist bis dato nicht entschieden.

BGH segnet Behindertentestament ab

Formulierungsvorschlag „Behindertentestament"

Das Ehepaar Max und Frauke Moormann möchte für ihren geistig behinderten Sohn Simon vorsorgen und errichtet hierzu folgendes Testament:

Gemeinschaftliches Testament

Wir, Max Moormann, geboren am 16.5.1956, und Frauke Fink, geboren am 21.1.1962, beide derzeit wohnhaft in 80798 München, Augustenstraße 10, sind miteinander verheiratet. Aus unserer Ehe sind die Kinder Simon, geboren am 23.7.1992, und Theresa, geboren am 14.5.1990, hervorgegangen. Unser Sohn Simon ist geistig behindert und bezieht Sozialhilfe.

Durch frühere Verfügungen von Todes wegen sind wir nicht daran gehindert, ein Testament zu errichten. Vorsorglich widerrufen wir alle früheren Verfügungen von Todes wegen und errichten nachfolgendes Testament.

1. Erbeinsetzung unseres behinderten Sohnes Simon

a) Unser Sohn Simon ist nicht befreiter Vorerbe nach dem ersten und zweiten Todesfall seiner Eltern. Seine Erbquote liegt 15 Prozent über seiner fiktiven Pflichtteilsquote nach dem Ableben eines jeden Elternteils.

Die Nacherbfolge tritt beim Tode des Vorerben ein. Nacherbe ist der Längerlebende von uns.

b) Wenn unser Sohn Simon vor oder nach dem ersten Erbfall wegfällt, zum Beispiel durch Vorversterben oder Ausschlagung, entfällt die Vor- und Nacherbeneinsetzung. Sein Erbteil wächst dem Längerlebenden von uns an. Dieser wird also Alleinerbe. Ersatznacherbe ist unsere Tochter Theresa, weiter ersatzweise ihre jeweiligen Abkömmlinge nach den Regeln der gesetzlichen Erbfolge.

c) Das Recht des Ersatznacherben geht der Vererblichkeit des Nacherbenrechts vor. Die Nacherbenanwartschaft ist nicht übertragbar, es sei denn, an den Vorerben.

2. Gegenseitige Erbeinsetzung

a) Hinsichtlich des verbleibenden Erbteils setzen wir uns gegenseitig zum alleinigen Vollerben ein.

b) Schlusserbe nach dem Längerlebenden von uns ist unsere Tochter Theresa.

c) Wenn der Schlusserbe wegfällt, zum Beispiel durch Tod oder Ausschlagung, sind Ersatzerben seine Abkömmlinge. Wenn Abkömmlinge nicht vorhanden sind, ist Ersatzerbe der gemeinnützige „Verein für Behinderte e.V." mit Sitz in München.

3. Dauertestamentsvollstreckung

a) Wir ordnen Testamentsvollstreckung an. Aufgabe des Testamentsvollstreckers ist es, die Nachlassauseinandersetzung nach dem ersten und zweiten Erbfall zu betreiben und im Übrigen die Vorerbschaft nach dem ersten und zweiten Todesfall nach § 2216 Abs. 2 BGB zu verwalten. Von den Beschränkungen des § 181 BGB ist der Testamentsvollstrecker befreit.

b) Aus den Erträgen der Vorerbschaft hat der Testamentsvollstrecker nach billigem Ermessen gemäß §§ 315 ff. BGB für folgende Zwecke Mittel zur Verfügung zu stellen, auf die aber der Sozialhilfeträger nicht zugreifen kann bzw. auf die gewährte Sozialhilfeleistungen nicht anrechenbar sind:

- Taschengeld in angemessener Höhe,
- Kleidung, Bettwäsche,
- persönliche Anschaffungen, zum Beispiel zur Erfüllung geistiger oder künstlerischer Bedürfnisse, wozu insbesondere auch die Ausübung von Hobbys und Liebhabereien zählen, gerade im Hinblick auf die Stärkung der Psyche,
- die Einrichtung der Wohnung,
- Freizeit- und Urlaubsaufenthalte einschließlich der Anschaffung der dafür notwendigen Materialien und Ausstattungsgegenstände,
- ärztliche Behandlung, Therapien und Medikamente, die von der Krankenkasse nicht oder nicht vollständig bezahlt werden, zum Beispiel Brille, Zahnersatz, Kuraufenthalte, Besuche bei Verwandten und Freunden.

c) Auf die Substanz des Vermögens darf der Testamentsvollstrecker zurückgreifen, sofern er dies für erforderlich hält. Der Testamentsvollstrecker wird ausdrücklich angewiesen, auf die Bedürfnisse und Wünsche unseres Sohnes einzugehen. Entscheidend ist immer das Wohl unseres Sohnes Simon.

d) Zum Testamentsvollstrecker bestimmen wir den längerlebenden Ehegatten von uns. Weiter ersatzweise unsere Tochter Theresa, weiter ersatzweise soll das „Netzwerk Deutscher Testamentsvollstrecker e.V." mit Geschäftssitz in 12163 Berlin, Schlossstr 26 (www.NDTV.info) einen Testamentsvollstrecker ernennen.

Wir ordnen an, dass der Testamentsvollstrecker eine angemessene Vergütung erhält, die sich im Zweifel an den Richtlinien des Deutschen Notarvereins orientiert.

4. Abänderungsrecht

Wechselbezüglich ist nur unsere gegenseitige Einsetzung als Vollerben gemäß Ziffer 2 a). Alle übrigen Verfügungen sind nicht wechselbezüglich. Der Längerlebende von uns ist befugt, auf den zweiten Todesfall seine Verfügungen zu widerrufen, zu ändern oder zu ergänzen. Auch lebzeitige Vermögensverfügungen sind uneingeschränkt zulässig. Nach dem Erstversterbenden unterliegt er also keiner Bindung.

München, den 1.8.2009 Frauke Moormann

Dies ist auch mein letzter Wille.
München, den 1.8.2009 Max Moormann

Tipp vom Fachanwalt für Erbrecht

Das Urteil des BGH zur Zulässigkeit von Behindertentestamenten war „erblasser- und familienfreundlich“. Was aber in der Vergangenheit richtig war, muss nicht auf immer und ewig so bleiben, auch wenn diese Rechtsprechung in den letzten Jahren immer wieder bestätigt wurde. So kann es sein, dass der Gesetzgeber in naher Zukunft solche Möglichkeiten, das private Vermögen zu erhalten und die Allgemeinheit mit Kosten zu belasten, über Gesetzesänderungen ausschließt. Bei einem Ehegattentestament zugunsten eines behinderten Kindes sollte deshalb immer ein Abänderungsvorbehalt (Beispiel auf Seite 48) aufgenommen werden, damit der Witwer bzw. die Witwe auf eine geänderte Rechtslage oder neue Lebensumstände flexibel reagieren kann.

Abänderungsvorbehalt ratsam

Ein Behindertentestament ist eine komplizierte Angelegenheit, seine Gestaltung gehört nicht in die Hände von juristischen Laien. Gewarnt sei hier ausdrücklich vor Standardtexten, die so gut wie nie zur besonderen familiären und finanziellen Situation passen.

Beratung durch Experten unverzichtbar

KAPITEL 11

Der Unternehmer, sein Testament und die Nachfolgeregelung

Eine Nachfolgeregelung ist nicht nur für ältere Unternehmerinnen und Unternehmer im Vorruhestands- oder Pensionsalter von großer Bedeutung. Auch Firmengründer, Klein- und Familienunternehmer sowie Mittelständler und Großunternehmer im Alter von 30, 40 oder 50 Jahren müssen künftig mit einer schlüssigen und überzeugenden Nachfolgeregelung für ihre Firma vorsorgen und gegenüber der Bank nachweisen, dass sie für den Fall ihres Todes die Weiterführung der Firma und damit die geplante Rückzahlung der Kredite organisiert haben. Sonst drohen – ganz aktuell, nicht erst nach Jahrzehnten aufgrund einer ungünstigen Bewertung der „Eigenkapitalrisiken“ – höhere Kreditzinsen und damit vermeidbare Zusatzkosten. Doch nicht nur für die Firma, auch für die Familie sollten Unternehmer vorsorgen.

Vorsorge für das Unternehmen und die Familie

Die Nachfolgeregelung – schon lange vor dem Erbfall wichtig für das Unternehmen

Wer als Inhaber ein Unternehmen leitet, sollte sich schon aus finanziellen Überlegungen heraus frühzeitig mit der Frage auseinandersetzen, wer die Geschäfte später einmal weiterführen soll und wie der Bestand des Unternehmens langfristig gesichert werden kann. Nach der „Neuen Baseler Eigenkapitalvereinbarung“ (besser bekannt als „Basel II“), die von den Zentralbanken und Bankenaufsichtsbehörden verfasst wurde und zum 1.1.2007 in Kraft getreten ist, müssen alle Unternehmen vor der Kredit-Nachfrage ihr „Rating“ durch die Vorlage wichtiger Unterlagen systematisch vorbereiten. Denn je besser das Rating, desto niedriger sind die Zinsen, die für Firmenkredite zu bezah-

Schlechtes „Rating“ bei fehlender Nachfolgeregelung

len sind. Auch eine vernünftige Regelung für die Fortführung des Unternehmens nach dem Tod des Geschäftsinhabers spielt in diesem Zusammenhang eine große Rolle.

Ohne Testament droht Handlungsunfähigkeit

Nichts fürchten die Banken mehr als eine fehlende oder unsinnige Nachfolgeplanung, die im Erbfall zur Auszahlung hoher Geldbeträge an pflichtteilsberechtigte Personen, zu erdrückenden Steuerlasten und damit zu Liquiditätsengpässen führt. Auch die Handlungsunfähigkeit einer Firma, die von einer zerstrittenen Erbengemeinschaft „geleitet" wird, ist aus der Sicht der Banken ein Grund, keine Kredite zu gewähren oder hohe Zinsen zu fordern. Neben geprüften Jahresabschlüssen und weiteren Unterlagen („reports") kommt es also beim Rating durch die Banken ganz entscheidend auf eine hervorragende individuelle Nachfolgeregelung an. Eine perfekte Lösung signalisiert den Banken, dass auch nach einem Todesfall die Geschäfte wie gewohnt laufen können und die monatlich fälligen Zins- und Rückzahlungen bis zur vollständigen Tilgung gesichert sind.

Ehevertrag, Gesellschaftsvertrag, Testament

Verträge müssen abgestimmt werden

In einer umfassenden Nachfolgeregelung ist das Testament immer nur einer von mehreren Bausteinen. Mindestens genauso wichtig sind weitere Verträge, wie zum Beispiel der Ehevertrag des oder der Unternehmer und der Gesellschaftsvertrag. Um eine Weiterführung der Geschäfte nach einem Todesfall zu gewährleisten, ist es außerdem notwendig, mit Vollmachten oder sogar Generalvollmachten zu arbeiten. Unternehmer sollten möglichst einen Nachfolger aufbauen und für seine Qualifizierung sorgen – unabhängig davon, ob er aus der Familie kommt oder nicht.

Das Testament des Einzelunternehmers

Wenn ein Einzelunternehmer ohne Testament stirbt, gehen alle Vermögenswerte, Rechtspositionen und Verbindlichkeiten auf die Familie über. Die Familienmitglieder bilden eine Erbengemeinschaft. Dadurch drohen eine Zersplitterung des Betriebsvermögens sowie Streitigkeiten über die Führung des Unternehmens. Diese Konstellation und ihre Folgen lassen sich durch die Errichtung eines Testamentes vermeiden. Oft ist es sinnvoll, lediglich eine Person zum Alleinerben zu bestimmen, die auch das Unternehmen fortführen soll, während die anderen Angehörigen per Vermächtnis andere Vermögenswerte erhalten. Da der größte Teil des Vermögens von Unternehmern meist in der Firma steckt, führt diese Lösung jedoch zu – meist nicht gewollten – Ungerechtigkeiten. Wer eine faire Verteilung des Gesamtnachlasses anstrebt, benötigt daher professionelle Beratung. Vor einem selbst gestrickten Unternehmertestament sei hier gewarnt: Mit scheinbar für alle Beteiligten günstigen Anordnungen kann man die Erben regelrecht in den Ruin treiben.

Testament für Unternehmer unverzichtbar

BEISPIEL

Max Moormann, Ingenieur und Inhaber eines mittelständischen Unternehmens, das sehr spezielle Messgeräte produziert, will seine Ehefrau Frauke finanziell absichern und dem einzigen Sohn Simon, ebenfalls Ingenieur, den florierenden Betrieb übergeben. Er vererbt der Ehefrau die Immobilie (Grundstück und Fabrikgebäude in bester Gegend von Frankfurt) mit einem Buchwert von 50.000 Euro und einem Verkehrswert von 1 Million Euro. Der Sohn bekommt das Unternehmen als Alleinerbe. Diese scheinbar perfekte Lösung ist steuerrechtlich eine Katastrophe. Denn die Trennung der Immobilie vom Betrieb wird vom Finanzamt als Entnahme gewertet – mit der Folge der Aufdeckung der in der Immobilie ruhenden stillen Reserven. Der Sohn hat sofort Einkommensteuer aus dem aufgedeckten Wert zu bezahlen – und zwar nach dem Höchstsatz. Ob das Messtechnik-Unternehmen diesen Liquiditätsverlust verkraften kann, ist insbesondere in einer Krisensituation mit geringer Auslastung der Produktionskapazität und reduzierter Bereitschaft der Banken, Risiken einzugehen, nicht gewährleistet.

Nachfolgeregelung bei Personengesellschaften

Nachfolge bei Gesellschaften kompliziert

Ziemlich kompliziert ist die Vererbung bei Gesellschaften, die mehreren Personen gehören (Gesellschaft bürgerlichen Rechts – GbR, Offene Handelsgesellschaft – OHG, Kommanditgesellschaft – KG). Hier einige Beispiele:

- Gemeinschaftspraxis von Ärzten,
- Handwerksunternehmen, das von zwei Meistern geführt wird,
- Rechtsanwalts- und Steuerkanzlei mit mehreren Anwälten und Steuerberatern,
- Architekturbüro, das mehreren Architekten, Stadtplanern und Innenarchitekten gehört,
- Werbeagentur, die von mehreren kreativen Leuten gegründet und geleitet wird,
- Handelsfirma zweier Kaufleute.

Die Gesellschaftsanteile sind in diesen Fällen an Personen und nicht an einen Kapitalanteil gebunden. Sofern im Gesellschaftervertrag nichts anderes vereinbart ist, gelten daher folgende gesetzliche Regelungen:

- Eine Gesellschaft bürgerlichen Rechts (GbR) löst sich beim Tod eines Gesellschafters auf.
- Eine Offene Handelsgesellschaft (OHG) besteht weiter; der verstorbene Gesellschafter scheidet aus.
- Eine Kommanditgesellschaft (KG) bleibt ebenfalls bestehen; der voll haftende Komplementär scheidet mit dem Tod aus, seine Erben werden jeweils abgefunden. Die Erben eines Kommanditisten steigen mit dem Anteil des Erblassers entsprechend ihrer Erbquote in die Gesellschaft ein.

Gesellschaftsvertrag muss überprüft werden

Häufig enthält der Gesellschaftsvertrag Regelungen für den Todesfall eines Gesellschafters. Es gibt eine Reihe von Klauseln, die Vor- und Nachteile entweder für die beteiligten Gesellschafter oder die Erben des Verstorbenen haben. Hier die wichtigsten Klauseln:

Nachfolgeklauseln haben Vorrang vor Testament

- **Fortsetzungsklausel:** Die Gesellschaft wird beim Tod eines Gesellschafters mit den übrigen Gesellschaftern weitergeführt. Auch hier fällt der Anteil des Verstorbenen den übrigen Gesellschaftern zu, die jedoch eine Abfindung an die Erben des verstorbenen Gesellschafters zahlen müssen. Dieser Abfindungsanspruch kann durch Gesellschaftsvertrag ausgeschlossen werden. Möglich ist auch eine Begrenzung auf den sogenannten Buchwert. Stille Reserven und der Firmenwert bleiben bei der Bemessung der Abfindung dann unberücksichtigt. Mit anderen Worten: Hier erhalten die Erben des verstorbenen Gesellschafters lediglich einen kleinen Teil des möglicherweise beträchtlichen Firmenwerts.
- **Einfache Nachfolgeklausel:** Nach dieser Klausel treten die Erben eines Gesellschafters in die Gesellschaft ein. Aber auch diese Klausel schafft Probleme. Häufig haben Ehegatten und Kinder als Erben im wahrsten Sinne des Wortes „keine Ahnung“ von dem Geschäft des Erblassers. Ihr Interesse reduziert sich darauf, Geld zu erhalten, ohne dass sie in der Lage wären, etwas zu der Gesellschaft beizutragen, deren Erfolg mit der Tätigkeit aktiver, fachkundiger und verantwortlicher Unternehmer steht und fällt.
- **Qualifizierte Nachfolgeklausel:** In einer solchen Klausel kann festgelegt werden, dass lediglich eine bestimmte Person als Nachfolger des Erblassers in die Gesellschaft eintreten soll. Damit kann man dafür sorgen, dass ein Gesellschafter in die Firma eintritt, der aufgrund seiner fachlichen Ausbildung und seiner Persönlichkeit zu der Personengesellschaft passt.

Erbschaft bei GmbH und AG

Weniger kompliziert ist die Nachfolge bei den Kapitalgesellschaften (GmbH oder Aktiengesellschaft). Die Erben

Keine Probleme bei GmbH und AG

erhalten den Anteil am Unternehmen, den der Erblasser ihnen nach der gesetzlichen Erbfolge oder laut Testament hinterlässt. Bei einer Erbengemeinschaft gehört das Aktienpaket den Erben gemeinsam und sie müssen einen gemeinschaftlichen Vertreter bestimmen, der ihre Interessen auf der Aktionärsversammlung vertritt. Die Teilung des Aktienpakets nach der Höhe der Erbanteile ist in der Regel keine große Schwierigkeit. Bei einer GmbH kann die Zersplitterung der Anteile jedoch zur Handlungsunfähigkeit der Firma führen.

Die Familiengesellschaft als Lösungsmodell

Versorgung der Familie

Eine erstklassige Möglichkeit, ein Unternehmen für die Familie zu erhalten, Streit unter den Erben zu vermeiden und dem Senior und der Seniorin zu Lebzeiten den meist gewünschten Einfluss auf die Firmenpolitik zu sichern, ist die Gründung einer „Familiengesellschaft". Durch eine bestimmte Konstruktion des Gesellschaftervertrags können die Gesellschafter aus der Familie dafür sorgen, dass kompetente Personen die Firma leiten, die Erben die Gemeinschaft nur unter bestimmten (wenig attraktiven) Bedingungen verlassen können und Angehörige nach Bedarf versorgt werden. Eine passende Familiengesellschaft lässt sich jedoch wiederum nur unter der Mitwirkung eines ausgewiesenen Erbrechtsexperten erfolgreich gründen.

Tipp vom Fachanwalt für Erbrecht

Anpassung des Gesellschaftsvertrags

Bevor ein Unternehmer sein Testament schreibt, muss er prüfen, ob er nach den gesellschaftsrechtlichen Regelungen seiner Firma überhaupt über seinen Anteil frei verfügen kann. Notfalls muss der Gesellschaftsvertrag an das geplante Testament angepasst werden (was jedoch oft nicht möglich ist). Auch die steuerlichen Auswirkungen des geplanten Testaments sind sorgfältig zu prüfen.

Rat des Experten unverzichtbar

Die Formulierung eines Unternehmertestaments unter Berücksichtigung des Ehevertrags, der Gesellschaftsverträge sowie des Steuerrechts und der Ziele des Unternehmers ist eine außerordentlich schwierige Aufgabe, die nur von Fachleuten gelöst werden kann. Auf Formulierungsvorschläge wird deshalb an dieser Stelle bewusst verzichtet.

KAPITEL 12

Streit unter den Miterben vermeiden

Meist wird ein Verstorbener nicht von einem Alleinerben, sondern von mehreren Erben beerbt. Bei einem guten familiären Einverständnis kann eine „Erbengemeinschaft" – zur Fortführung eines Betriebes oder zur Verwaltung eines Mietgrundstücks – über Jahrzehnte hinweg zum gegenseitigen Nutzen fortbestehen. Die Praxis zeigt aber, dass unter Miterben Streit fast immer vorprogrammiert ist. Es ist daher das Ziel vieler Testierender, dafür zu sorgen, dass nach dem eigenen Tod keine Konflikte unter den Erben ausbrechen und die wechselseitige Unterstützung in der Familie erhalten bleibt. Um diese Ziele zu realisieren, kann der Testierende auf eine Reihe von hilfreichen Gestaltungsalternativen zurückgreifen.

Am Erbstreit ist meist der Erblasser schuld

Warum entsteht Streit unter den Miterben?

Die Gründe, warum in Erbengemeinschaften oft so hartnäckig gestritten wird, sind vielfältig. Nachfolgend finden Sie einige Konfliktlagen, die Sie bei Ihrer Nachlassplanung berücksichtigen sollten:

Streitursache Nr. 1: Zwang zur gemeinsamen Nachlassverwaltung

Die Verwaltung und Geschäftsführung stehen grundsätzlich allen Miterben zu, dabei kommt es aber immer wieder zu Interessenkonflikten: Ein Erbe möchte den Nachlass zusammenhalten, der andere so rasch wie möglich seinen Erbteil „versilbern". Manche Miterben kümmern sich überhaupt nicht um die Verwaltung des Nachlasses, andere wiederum

Zwang zur Einstimmigkeit

strapazieren die Geduld der anderen Erben, indem sie versuchen, ihnen die eigenen Vorstellungen aufzuzwingen. Erbengemeinschaften sind also in einem hohen Maße von Neid, Missgunst und Unfrieden bedroht.

Außerordentliche Verwaltungsmaßnahmen, die für den Nachlass eine erhebliche wirtschaftliche Bedeutung haben, bedürfen der Einstimmigkeit der Miterben. Das betrifft etwa die

- Veräußerung eines Grundstücks,
- eine Klage auf Aufhebung eines Mietverhältnisses oder
- die Räumung und Herausgabe einer vermieteten Wohnung.

Nachlassverwaltung erfordert Stimmenmehrheit

Maßnahmen der ordnungsgemäßen Verwaltung, die aus der Sicht eines vernünftigen und wirtschaftlich denkenden Betrachters dem Nachlassgegenstand gerecht werden und den Nachlassbestand nicht gefährden, können mit Stimmenmehrheit beschlossen werden. Hierzu zählen etwa

- Baumaßnahmen auf einem Grundstück,
- die Einziehung von Forderungen,
- die Kapitalanlage bis zur Teilung des Nachlasses,
- die Begleichung von Nachlassschulden,
- die Auszahlung von Pflichtteilsansprüchen,
- Reparaturen und Instandhaltungsmaßnahmen, soweit sie aus Nachlassmitteln beglichen werden können, und nicht zuletzt
- die Vermietung und Verpachtung von Nachlassgegenständen.

Pattsituation

Bei der Berechnung der Stimmenmehrheit wird die Größe der den einzelnen Miterben zustehenden Erbteile berücksichtigt; es wird also nicht nach Köpfen abgestimmt. Ein Patt und damit Handlungsunfähigkeit kann zwar die Erbengemeinschaft lähmen, deutlich mehr Streit kommt jedoch auf, wenn eine Gruppe von Miterben über die Mehrheit der Stimmen verfügt. Die Neigung von enttäuschten und überstimmten Querulanten, sich die Zustimmung zu wirtschaftlich bedeutsamen Verwaltungsmaßnahmen durch irrwitzige Zugeständnisse abkaufen zu lassen, ist sehr hoch. Bei der Verwaltung des Erbes können sich so diverse Schwierigkeiten zu einem Problemberg auftürmen.

Streitursache Nr. 2: Mitwirkungspflicht der Miterben

Jeder Miterbe ist den anderen gegenüber verpflichtet, bei „ordnungsgemäßen Verwaltungsmaßnahmen" der Erbengemeinschaft mitzuwirken. Weigert sich ein Miterbe, seine Zustimmung zu erteilen, kann jeder andere Miterbe mit Aussicht auf Erfolg vor Gericht Klage einreichen. Entsteht den anderen Miterben durch die Weigerung ein Schaden, so können diese Ersatz verlangen. Eine zunächst überschaubare Uneinigkeit kann sich so zu einem schweren Konflikt entwickelt.

Miterben sind zur Verwaltung verpflichtet

Streitursache Nr. 3: Gefahr der Teilungsversteigerung

Der Gesetzgeber sieht eine reale Teilung des Nachlasses entsprechend den Erbquoten vor. Da dies zum Beispiel bei Immobilien nicht unmittelbar umgesetzt werden kann, müssen Grundstücke und Häuser mittels Verkauf oder sogar Teilungsversteigerung in eine teilbare Geldsumme verwandelt werden. Nicht selten wird hierdurch Familienvermögen sinnlos zerschlagen.

Bei Immobilien droht Teilungsversteigerung

Fünf Vorschläge zur Konfliktvorsorge

Wer ein Testament schreibt, kann vorausschauend dafür sorgen, dass Konflikte unter den Erben erst gar nicht entstehen. Im Folgenden fünf Vorschläge zur Konfliktvorsorge:

Konfliktvorsorge Nr. 1: Erbengemeinschaften vermeiden

Alleinerbe und Vermächtnisse

Verhindern Sie, dass überhaupt eine Miterbengemeinschaft entsteht. Schließen Sie deshalb die gesetzliche Erbfolge, bei der fast immer mehrere Erben vorhanden sind, durch die Errichtung eines Testamentes aus. Bestimmen Sie, sofern möglich, einen Alleinerben und setzen Sie für die anderen Angehörigen Vermächtnisse aus (Formulierungsvorschläge dazu finden Sie auf den Seiten 123–129).

Konfliktvorsorge Nr. 2: Teilungsverbot

Verbot der Nachlassteilung

Der Erblasser kann die Teilung des Nachlasses insgesamt oder für einzelne Nachlassgegenstände ausschließen. Diese Anordnung des Erblassers wird aber spätestens 30 Jahre nach Eintritt des Erbfalls unwirksam. Sofern sich die Miterben einig sind, können sie sich auch schon vorher gemeinschaftlich über einen Teilungsausschluss des Erblassers hinwegsetzen. Will der Erblasser dies verhindern, muss er Testamentsvollstreckung anordnen; der Testamentsvollstrecker hält sich – auch gegen den Willen der Erben – strikt an die Anordnungen des Erblassers.

Formulierungsvorschlag „Teilungsverbot“

Der Witwer Max Moormann möchte seine 18-jährige Tochter Theresa und seinen 20-jährigen Sohn Siegfried als Miterben einsetzen. Er will dabei verhindern, dass sein Mietshaus, das sich seit Generationen in Familienbesitz befindet, nach dem Erbfall geteilt und veräußert wird. Dies soll erst möglich sein, wenn Theresa 30 Jahre alt ist. Er könnte folgendes Einzeltestament errichten:

Mein letzter Wille

1. Ich, Max Moormann, geboren am 16.5.1956, derzeit wohnhaft in 80798 München, Augustenstraße 10, setze zu meinen Erben meine Tochter Theresa Moormann und meinen Sohn Simon Moormann je zur Hälfte ein.

Ersatzerben sind jeweils deren Abkömmlinge nach den Regeln der gesetzlichen Erbfolgeordnung. Wiederum ersatzweise soll Anwachsung eintreten.

2. Die Auseinandersetzung bezüglich meines Mietshauses in 80797 München, Adelheidstr. 8, schließe ich so lange aus, bis der jüngste Miterbe das 30. Lebensjahr vollendet hat.

3. Ich ordne Verwaltungstestamentsvollstreckung an. Der Testamentsvollstrecker hat die Aufgabe, meinen Nachlass bis zur Vollendung des 30. Lebensjahres des jüngsten Miterben zu verwalten und obiges Auseinandersetzungsverbot zu überwachen.

Zum Testamentsvollstrecker bestimme ich Herrn Steuerberater Max Klug, Mühlbaurstraße 1, 81677 München, mit dem Recht, einen Nachfolger zu bestimmen.

Sollte der Testamentsvollstrecker das Amt nicht annehmen oder vor oder nach dem Erbfall wegfallen, dann soll der Vorstand des Netzwerkes Deutscher Testamentsvollstrecker e.V. mit Sitz in 12163 Berlin, Schlossstr. 26, einen geeigneten Ersatztestamentsvollstrecker bestimmen.

Ich ordne an, dass der Testamentsvollstrecker eine angemessene Vergütung erhält, die sich im Zweifel an den Richtlinien des Deutschen Notarvereins orientiert.

München, 1.8.2009 Max Moormann

Konfliktvorsorge Nr. 3: Teilungsanordnungen des Erblassers

Vorgaben für die Aufteilung des Nachlasses

Der Erblasser kann im Testament aber auch Teilungsanordnungen treffen, das heißt, er nimmt – nachdem er zunächst die Erben und deren Erbquoten festgelegt hat – eine Verteilung von Nachlassobjekten und -werten vor. Oft wird übersehen, dass Teilungsanordnungen sogar neue Probleme schaffen können. Sie führen nämlich zu einer gesetzlichen Ausgleichsverpflichtung desjenigen, der wirtschaftlich mehr erhalten hat, als es seiner Erbquote entspricht. Da diese Ausgleichszahlung die Liquidität des Miterben ganz erheblich beeinträchtigen kann, sollte im Testament auch die Frage geregelt werden, wie ein derartiger Ausgleich berechnet wird. Bei einer Teilungsanordnung besteht weiter die Gefahr, dass der Gegenstand, der einem Miterben zugewiesen worden ist, sich im Todeszeitpunkt nicht mehr im Nachlass befindet. Der Erblasser muss unbedingt bestimmen, was in diesem Fall passieren soll. Hierüber entstehen in der Praxis erbitterte Erbstreitigkeiten.

Formulierungsvorschlag „Teilungsanordnung“

Der Witwer Max Moormann möchte seine Tochter Theresa und seinen Sohn Simon als Miterben einsetzen. Theresa soll seine Eigentumswohnung in München mit einem Verkehrswert von 400.000 Euro erhalten; Simon soll das Ferienhaus in Kufstein mit einem Wert von 200.000 Euro bekommen. Max Moormann könnte folgendes Einzeltestament errichten:

Mein letzter Wille

1. Ich, Max Moormann, geboren am 16.5.1956, derzeit wohnhaft in 80798 München, Augustenstraße 10, setze zu meinen Erben meine Tochter Theresa Moormann und meinen Sohn Simon Moormann je zur Hälfte ein.

Ersatzerben sind jeweils deren Abkömmlinge nach den Regeln der gesetzlichen Erbfolgeordnung. Wiederum ersatzweise soll Anwachsung eintreten.

2. Hinsichtlich der Auseinandersetzung der Erbengemeinschaft ordne ich Folgendes an:

a) Meine Tochter Theresa erhält im Wege der Teilungsanordnung und somit in Anrechnung auf ihren Erbteil meine Eigentumswohnung in 80798 München, Augustenstr. 8.

b) Mein Sohn Simon erhält im Wege der Teilungsanordnung und somit in Anrechnung auf seinen Erbteil, mein Ferienhaus in Kufstein, Kitzbühlerstr. 3.

c) Theresa hat Stefan einen Wertausgleich in Höhe des hälftigen Wertunterschiedes der beiden Immobilien zu bezahlen. Die Werte der Häuser sind von einem bei der IHK München bestellten Grundstücksgutachter festzulegen.

d) Sollte eine der beiden Immobilien sich bei meinem Tod nicht mehr in meinem Nachlass befinden, so ist diese Teilungsanordnung insgesamt hinfällig.

München, 1.8.2009 Max Moormann

Konfliktvorsorge Nr. 4: Anordnung einer Testamentsvollstreckung

Testamentsvollstreckung vermeidet Erbstreit

Eine Testamentsvollstreckung wirkt wie eine Beruhigungstablette auf streitsüchtige Erben. Die Fäden laufen bei einer Person zusammen, die zu Objektivität und Neutralität verpflichtet ist und häufig auch bei aufkommendem Streit zwischen den Fronten vermitteln kann. Die Vorschläge eines Testamentsvollstreckers finden daher in der Regel eher die Zustimmung aller Beteiligten als die Wunschvorstellungen von verfeindeten Familienmitgliedern, die schon lange nicht mehr miteinander reden können. Als Testamentsvollstrecker sollte der Erblasser nur eine vertrauenswürdige, fachlich kompetente Person auswählen und deren Rechte und Pflichten eindeutig festlegen. Testamentsvollstrecker setzen die Anweisungen und Richtlinien des Verstorbenen nach dem Wortlaut und Geist des Testaments um. Sie kümmern sich darum, dass sämtliche Auflagen und Vermächtnisse auch wirklich erfüllt werden. Sollte ein Miterbe damit nicht einverstanden sein, kann er sich mit dem Testamentsvollstrecker streiten, aber das ist nicht so schlimm, denn der Testamentsvollstrecker kann die Auseinandersetzung ohne weitere Begründung abbrechen, wenn er erkennt, dass keine sachliche Zusammenarbeit möglich ist, um seine im Testament definierten Aufgaben zu erledigen.

Durchsetzung des Erblasserwillens

Formulierungsvorschlag „Abwicklungsvollstreckung“

Ich ordne Testamentsvollstreckung an. Der Testamentsvollstrecker hat die Aufgabe, meine testamentarischen Anordnungen auszuführen und den Nachlass abzuwickeln.

Manchmal ist die Testamentsvollstreckung sogar über einen längeren Zeitraum sinnvoll. Mit einer solchen Anordnung kann der Erblasser dafür sorgen, dass der Nachlass der Verwaltung der Erben (befristet) entzogen wird und das Vermögen schützen. Die Testamentsvollstreckung kann beispielsweise die voreilige Liquidierung wertvoller Immobilien oder die rasche Zerschlagung eines gesunden Familienunternehmens verhindern.

Dauerhafte Nachlassverwaltung

Formulierungsvorschlag „Verwaltungsvollstreckung“

Ich ordne Testamentsvollstreckung an. Der Testamentsvollstrecker hat die Aufgabe, meinen Nachlass bis zur Vollendung des 25. Lebensjahres des jüngsten Miterben zu verwalten. Er hat die angeordneten Vermächtnisse zu erfüllen.

Die Erträge des Nachlasses unterliegen der Verwaltung des Testamentsvollstreckers. Er hat aus ihnen und erforderlichenfalls aus der Substanz des Nachlasses jedem Erben die Mittel zur Verfügung zu stellen, die er zu seinem Unterhalt und zur Finanzierung einer angemessenen Ausbildung benötigt. Hierzu gehören auch die Einrichtung einer Wohnung am Ausbildungs- oder Studienort und ein angemessenes Kraftfahrzeug.

hat der Erblasser zwar eine Testamentsvollstreckung angeordnet, aber keine Person benannt, bestimmt das Nachlassgericht einen außenstehenden Dritten als Testamentsvollstrecker, den weder der Erblasser noch die Erben kennen. Es ist deshalb sinnvoll, auch einen „Ersatz"-Testamentsvollstrecker einzusetzen. Für den Fall, dass die an erster Stelle als Testamentsvollstrecker eingesetzte Person das Amt nicht antreten kann oder will, ist so sichergestellt, dass eine andere Vertrauensperson den letzten Willen des Erblassers erfüllt. Der Testamentsvollstrecker erhält nach dem Gesetz eine „angemessene" Vergütung (§ 2221 BGB), die Höhe hat der Gesetzgeber nicht geregelt, deshalb sollte der Erblasser im Testament genau festlegen, welche Vergütung dem Testamentsvollstrecker für seine Tätigkeit zusteht. Nur so lässt sich Streit zwischen dem Testamentsvollstrecker einerseits und den Erben andererseits vermeiden. Der Deutsche Notarverein (www.dnotv.de) empfiehlt eine Vergütungsregelung, auf die im Testament Bezug genommen werden kann:

Ersatz-Testamentsvollstreckung wichtig

Vergütung des Testamentsvollstreckers regeln

Vergütungsgrundbetrag

Bis Euro 250.000,–	4,0 % des Nachlasses
bis Euro 500.000,–	3,0 % des Nachlasses
bis Euro 2.500.000,–	2,5 % des Nachlasses
bis Euro 5.000.000,–	2,0 % des Nachlasses
über Euro 5.000.000,–	1,5 % des Nachlasses

Formulierungsvorschlag „Bestimmung des Testamentsvollstreckers und seiner Vergütung“

Zum Testamentsvollstrecker bestimme ich Herrn Steuerberater Max Klug, Mühlbaurstraße 1, 81677 München, mit dem Recht, einen Nachfolger zu bestimmen.

Sollte der Testamentsvollstrecker das Amt nicht annehmen oder vor oder nach dem Erbfall wegfallen, dann soll der Vorstand des Netzwerkes Deutscher Testamentsvollstrecker e.V. mit Sitz in 12163 Berlin, Schlossstr. 26 (www.NDTV.info), einen geeigneten Ersatztestamentsvollstrecker bestimmen.

Ich ordne an, dass der Testamentsvollstrecker eine angemessene Vergütung erhält, die sich im Zweifel an den Richtlinien des Deutschen Notarvereins orientiert.

Konfliktvorsorge Nr. 5: Anordnung eines Schiedsverfahrens

Schiedsrichter schlichtet Streit

Um Streitigkeiten über die Nachlassauseinandersetzung schon im Ansatz zu ersticken, kann der Erblasser auch ein Schiedsverfahren anordnen. Ein solches Verfahren dauert im Vergleich zu Prozessen vor staatlichen Gerichten meist deutlich weniger lange. Darüber hinaus stoßen Schiedssprüche häufig auf eine höhere Akzeptanz als gerichtliche Urteile.

Formulierungsvorschlag „Schiedsklausel“

Können sich die Miterben bis vier Monate nach meinem Tod nicht einvernehmlich über die Nachlassauseinandersetzung einigen, ist das Schiedsgericht des Netzwerks Deutscher Erbrechtsexperten e.V., Berlin, (www.NDEEX.de) anzurufen.

Dem Schiedsspruch des Schiedsrichters haben sich alle

Miterben zu unterwerfen. Sollte ein Miterbe dies – egal zu welchem Zeitpunkt – ablehnen, verliert er seine Miterbenstellung. Sein Miterbenanteil fällt dann – entgegen einer eventuellen anders lautenden gesetzlichen Auslegungsregel oder Bestimmung – den anderen Miterben zu.

Tipp vom Fachanwalt für Erbrecht

Erbrechtsexperten konsultieren

Teilungsverbote und Teilungsanordnungen sowie die Anordnung einer Testamentsvollstreckung oder eines Schiedsverfahrens sind rechtlich außerordentlich komplex und dürfen deshalb niemals ohne die eingehende Beratung durch einen Fachanwalt für Erbrecht als Bestandteil einer letztwilligen Verfügung verwendet werden.

KAPITEL 13

Vermächtnis und Auflage – Wohltaten und Aufträge für die Zeit nach dem Tod

Mit einem Vermächtnis wendet ein Erblasser per Testament oder Erbvertrag einer von ihm ausgewählten Person einen Vermögensvorteil zu. Eine Auflage verpflichtet einen Erben oder Vermächtnisnehmer dagegen, eine Leistung zu erbringen, die jedoch von niemandem eingeklagt werden kann.

Erbe oder Vermächtnis?

Strikte Trennung zwischen Erbe und Vermächtnis

Bei der Vorbereitung eines Testaments ist es generell wichtig, zu entscheiden, ob der oder die Begünstigte Erbe oder nur Vermächtnisnehmer werden soll. Während der Erbe mit Eintritt des Erbfalls unmittelbar am gesamten Vermögen des Verstorbenen beteiligt ist, hat der Vermächtnisnehmer nur einen „schuldrechtlichen Anspruch“ auf Erfüllung der im Testament oder im Erbvertrag bezeichneten Zuwendung. Wird etwa dem Vermächtnisnehmer eine Eigentumswohnung zugewendet, muss für die Erfüllung des Vermächtnisses zwischen ihm und dem Erben eine – notariell beurkundungspflichtige – Übereignung vorgenommen werden. Soll der Vermächtnisnehmer Girokonten des Erblassers erhalten, muss der Erbe beim Kreditinstitut die Umschreibung dieser Girokonten veranlassen. Ein weiterer Unterschied zur Einsetzung als Erbe ist, dass der Vermächtnisnehmer keine Verpflichtungen zu tragen hat. Er muss deshalb zum Beispiel nicht für die Schulden des Verstorbenen aufkommen.

Vermächtnisnehmer haftet nicht für Schulden

Vermächtnis: materielle und immaterielle Werte

Gegenstand eines Vermächtnisses kann jeder Vermögensvorteil sein. So kann der Erblasser festlegen, dass dem Vermächtnisnehmer bestimmte bewegliche oder unbewegliche Sachen zu übereignen sind, eine bestimmte Geldsumme aus dem Nachlass zu zahlen ist, eine Forderung zu übertragen ist, Schulden erlassen werden oder ein bestimmtes Nutzungsrecht eingeräumt wird. Hier einige Beispiele:

Gestaltungsfreiheit bei Vermächtnissen

- Grundstück, Eigentumswohnung
- Wohn- oder Nießbrauchsrecht auf Lebenszeit
- Hausrat, Pkw
- Geldbetrag

Formulierungsvorschlag „Vermächtnis"

Max Moormann hat aus der ersten Ehe mit seiner verstorbenen Frau einen Sohn Simon, den er als seinen Alleinerben einsetzen will. Seine zweite Ehefrau Frauke Moormann, mit der er keine Kinder hat, möchte er durch ein Vermächtnis absichern. Dazu kann Herr Moormann in seinem Testament zwischen folgenden Alternativen wählen:

Mein letzter Wille

Ich, Max Moormann, geboren am 16.5.1956, derzeit wohnhaft in 80798 München, Augustenstr. 10, setze meinen Sohn Simon Moormann, geboren am 18.8.1978, als Alleinerben ein. Zu Ersatzerben bestimme ich seine Abkömmlinge nach den Regeln der gesetzlichen Erbfolgeordnung.

1. Gestaltungsalternative: Grundstücksvermächtnis

a) Ich vermache im Wege des Vermächtnisses meiner Ehefrau Frauke Moormann, geboren am 21.2.1962, mein Grundstück in 80798 München, Adelheidstr. 8.

b) Befindet sich das Grundstück zum Zeitpunkt des Erbfalls nicht mehr in meinem Nachlass, dann ist meiner Ehefrau Frauke Moormann stattdessen ein wertmäßiger Ersatz in Geld zu leisten. Das Geldvermächtnis bestimmt sich dann nach dem Wert des Grundstücks zum Zeitpunkt der Weggabe. Ist das Grundstück verkauft worden, ist der Veräußerungserlös maßgebend.

2. Gestaltungsalternative: „Vermächtnis bezüglich Eigentumswohnung"

Ich vermache im Wege des Vermächtnisses meiner Ehefrau Frauke Moormann, geboren am 21.2.1962, mein im Grundbuch von München, Band 1234, Blatt 567, Fl.Nr. 389, eingetragenes Wohnungseigentum, bestehend aus einem Miteigentumsanteil von 120/1000 an dem Grundstück Fl.Nr. 390, verbunden mit dem Sondereigentum an der im Aufteilungsplan mit Nr. 11 bezeichneten Wohnung mit allen Rechten und Bestandteilen zu.

3. Gestaltungsalternative: „Nießbrauchsvermächtnis"

Ich vermache im Wege des Vermächtnisses meiner Ehefrau Frauke Moormann, geboren am 21.2.1962, den lebenslangen unentgeltlichen Nießbrauch an meinem Grundstück in 80798 München, Adelheidstr. 8. Sie hat alle Lasten des Grundstücks zu tragen, auch die, die nach dem Gesetz der Eigentümer zu tragen hat, also auch die Kosten außerordentlicher Instandhaltungsmaßnahmen. Dieses Grundstück darf nicht erneut mit Grundschulden oder Hypotheken belastet werden.

4. Gestaltungsalternative: „Wohnungsrechtsvermächtnis"

Ich vermache im Wege des Vermächtnisses meiner Ehefrau Frauke Moormann, geboren am 21.2.1962, ein lebenslanges Wohnrecht nach § 1093 BGB an meiner Eigentumswohnung in 80897 München, Adelheidstr. 8, eingetragen im Grundbuch von München, Band 1234, Blatt 567, Fl.Nr. 389.

Die Wohnung darf sowohl vermietet aus auch anderen Personen unentgeltlich überlassen werden. Ferner hat der Vermächtnisnehmer das Recht zur Mitbenutzung der gemeinschaftlichen Anlagen, insbesondere des Gartens und der Kellerräume.

Der Vermächtnisnehmer hat alle Nebenkosten der Wohnung zu tragen, zum Beispiel Heizung, Strom, Gas, Wasser, Müllabfuhr, sowie die Kosten für die Schönheitsreparaturen in der Wohnung. Alle anderen Kosten, insbesondere für die Instandhaltung und Pflege des Gebäudes, trägt der Eigentümer.

5. Gestaltungsalternative: „Hausratsvermächtnis"

Ich vermache im Wege des Vermächtnisses meiner Ehefrau Frauke Moormann, geboren am 21.2.1962, den gesamten Hausrat und das gesamte Inventar der von uns zum Zeitpunkt des Erbfalls bewohnten Wohnung.

Vom Inventar umfasst sind alle Möbel, Küchen- und technischen Geräte. Nicht hierunter fällt das Barvermögen, die Briefmarkensammlung, die Münzsammlung, der Pkw etc.

Die Anordnung der Vermächtnisse erfolgt jeweils einzeln, so dass eine gesonderte Annahme bzw. Ausschlagung hinsichtlich jedes einzelnen Nachlassgegenstandes erfolgen kann.

6. Gestaltungsalternative: „Geldvermächtnis"

Ich vermache im Wege des Vermächtnisses meiner Ehefrau Frauke Moormann, geboren am 21.2.1962, 25 Prozent des im Zeitpunkt des Erbfalls im Nachlass vorhandenen Geldvermögens. Unter Geldvermögen fallen hierbei das gesamte Barvermögen, sämtliche Bankkonten einschließlich Girokonten und Sparbücher, Goldbarren, sämtliche Sparbriefe und alle Wertpapiere und Aktien. Nicht hierzu zählen Schmuck, Münzsammlungen und sonstige Sammlungen.

München, den 1.8.2009 Max Moormann

Der „Vermächtnisbeschwerte"

Der Erblasser bestimmt in seinem Testament, wer ein Vermächtnis zu erfüllen hat, den sogenannten „Beschwerten". Er kann anordnen, dass der Alleinerbe, die Erbengemeinschaft oder ein Testamentsvollstrecker das Vermächtnis erfüllen soll. Mit einer Sonderregelung kann er auch den „Vermächtnisnehmer" verpflichten, seinerseits einem Dritten etwas zuzuwenden; in diesem Fall spricht man von der Anordnung eines „Untervermächtnisses".

Schuldner des Vermächtnisses

Der Vermächtnisnehmer

Als Vermächtnisnehmer kann jede rechtsfähige Person bestimmt werden. Es kommt somit nicht nur eine natürliche, sondern auch eine juristische Person – eingetragener Verein, Kirche oder Stadt – in Frage. Sogar noch nicht geborene Kinder können ein Vermächtnis erhalten. Anders als bei der Erbeinsetzung kann jeder in seinem Testament anordnen, dass beispielsweise die Witwe nach dem Tod ihres Mannes einen Vermächtnisnehmer auswählen soll. Der Erblasser muss allerdings den Personenkreis, aus dem der Vermächtnisnehmer auszuwählen ist, ganz genau eingrenzen (zum Beispiel eines der eigenen Kinder, Verein am Wohnort).

Gläubiger des Vermächtnisses

Der Ersatzvermächtnisnehmer

Es sollte immer geregelt werden, ob ein Ersatzvermächtnisnehmer für den Fall, dass der zunächst Bedachte das Vermächtnis (beispielsweise wegen Vorversterbens oder durch Ausschlagung) nicht erwirbt (§ 2190 BGB), eingesetzt wird oder nicht. Ohne Bestimmung eines Ersatzvermächtnisnehmers wird das Vermächtnis unwirksam (§ 2160 BGB).

Ersatzvermächtnisnehmer

Formulierungsvorschlag „Ersatzvermächtnisnehmer“

Zu Ersatzvermächtnisnehmern bestimme ich die Abkömmlinge des Vermächtnisnehmers nach gesetzlicher Erbfolgeordnung.

Oder (falls mehr als ein Vermächtnisnehmer vorhanden ist)

Fällt der Vermächtnisnehmer vor oder nach dem Erbfall weg, so soll § 2158 I BGB anwendbar sein, also Anwachsung unter den Vermächtnisnehmern eintreten.

Oder (falls kein Vermächtnisnehmer gewünscht ist)

Fällt der Vermächtnisnehmer vor oder nach dem Erbfall weg, so bestimme ich ausdrücklich keinen Ersatzvermächtnisnehmer.

Fälligkeit eines Vermächtnisses

Fälligkeit regeln

Der Anspruch auf ein Vermächtnis entsteht mit dem Erbfall. In vielen Fällen macht es Sinn, wenn im Testament das Vermächtnis an eine Bedingung geknüpft wird, die erst später eintritt. So können etwa die Eltern anordnen, dass das Vermächtnis für ihre Kinder erst nach dem 25. Lebensjahr oder dem erfolgreichen Abschluss eines Studiums erfüllt werden soll. Ebenso wie das Erbe kann man auch ein Vermächtnis ausschlagen. Dies kommt vor allem dann in Betracht, wenn der Bedachte ein Pflichtteilsberechtigter ist, denn das Vermächtnis ist auf den Pflichtteilsanspruch anzurechnen, der in Geld auszubezahlen ist. Hat der Pflichtteilsberechtigte kein Interesse an dem vermachten Gegenstand, kann er stattdessen seinen Pflichtteilsanspruch in voller Höhe des entsprechenden Geldbetrages verlangen.

Was tun, wenn der Vermächtnisgegenstand im Nachlass fehlt?

In diesem gar nicht so seltenen Fall kommt es darauf an, wie sich der Vermögenswert verflüchtigt hat. Wenn der

Erblasser den Gegenstand noch selbst verkauft oder verschenkt hat, ist das Vermächtnis in der Regel gegenstandslos. Nur dann, wenn der Wertgegenstand gegen den Willen des Verstorbenen entwendet oder vernichtet wurde, hat der Vermächtnisnehmer Anspruch auf Wertersatz – etwa in Höhe der Versicherungssumme. Große Enttäuschungen gibt es immer wieder beim Vermächtnis von Sparbüchern, denn der Wert des vermachten Geldbetrags steigt und fällt mit den Ein- und Auszahlungen des Erblassers. Wenn auf dem Sparbuch zum Zeitpunkt des Erbfalls nur noch ein paar Euro „angespart" sind, hat der Vermächtnisnehmer Pech gehabt.

Wegfall des Vermächtnisgegenstandes

Tipp vom Steuerberater

Auch Vermächtnisse unterliegen der Erbschaftsteuer; es gelten die gleichen Regeln wie für Erbschaften. Ein Erblasser, der hohe Steuerlasten für die Vermächtnisnehmer ausschließen möchte, sollte daher die Erbschaftsteuerfreibeträge beachten (vgl. hierzu die Tabellen auf Seite 159).

Auflagen – Leistungen, die dem Erblasser wichtig sind

Mit einer Auflage wird der Erbe oder Vermächtnisnehmer verpflichtet, eine Leistung zu erbringen. Die häufigsten Auflagen sind:

Auflagen belasten den Erben

- Grabpflege
- Verfügung über den Nachlass erst nach einer bestimmten Frist
- Erteilung einer Vollmacht zur Fortführung eines Unternehmens durch einen Testamentsvollstrecker
- Pflege von Haustieren und anderen Tieren nach dem Tod des Erblassers

Formulierungsvorschlag „Grabpflege als Auflage"

Ich wünsche Erdbestattung und belaste meine Erben mit der Auflage, meine Grabstätte für die Dauer der vollen Ruhezeit für Kaufgräber zu pflegen und zu unterhalten, insbesondere regelmäßig mit dem üblichen Grabschmuck zu versehen. Zu diesem Zwecke ist ein Grabpflegevertrag mit der Gärtnerei Meier in München zu schließen.

Formulierungsvorschlag „Tierpflege als Auflage"

Ich belaste meine Erben mit der Auflage, meine zum Zeitpunkt meines Todes vorhandenen Haustiere bis zu ihrem natürlichem Ableben artgerecht zu pflegen und zu unterhalten.

Tipp vom Fachanwalt für Erbrecht

Testamentsvollstreckung zur Absicherung der Auflagen

Bei einer Auflage ist im Gegensatz zum Vermächtnis keine bestimmte Person berechtigt, die im Testament dargelegte Leistung zu verlangen. Aus diesem Grund muss der Erblasser besondere Vorkehrungen treffen, um seinen Willen durchzusetzen. Er kann zum Beispiel die Testamentsvollstreckung oder die Enterbung für den Fall anordnen, dass es die Erben versäumen, die Auflage bis zu einem festgelegten Datum zu erfüllen. Eine andere Möglichkeit besteht darin, ein Vermächtnis mit einer Auflage zu verknüpfen. So kann der Erblasser bestimmen, dass ein Vermächtnisnehmer zuerst eine Auflage (innerhalb einer bestimmten Frist) zu erfüllen hat und erst dann in den Genuss des Vermögensvorteils kommen soll.

KAPITEL 14

Zuwendungen an karitative Organisationen und Stiftungen

In Deutschland ist die Bereitschaft, Kindern und verarmten Menschen sowie gemeinnützigen Organisationen zu helfen, stark ausgeprägt. Vor allem Menschen, die selbst keine eigenen Kinder, Partner oder nahen Verwandten haben, möchten mit ihrem Vermögen über den eigenen Tod hinaus „Gutes" für die Allgemeinheit bewirken. Mit einem Testament kann man eine gemeinnützige, mildtätige oder kirchliche Organisation als Erben einsetzen oder ihr ein Vermächtnis zukommen lassen.

Erbeinsetzung oder Vermächtnis

Außerdem entscheiden sich immer mehr vermögende Menschen für die Gründung einer eigenen Stiftung. Die Zahl der Neugründungen stieg vom Jahr 2000 (681 Neugründungen) auf mehr als 1000 im Jahr 2007. Im Jahr 2008 wurden 1.020 neue Stiftungen gegründet. Damit gab es zum Jahreswechsel 2008/2009 in Deutschland 16.406 rechtsfähige Stiftungen bürgerlichen Rechts. Diese Zahlen belegen einen „Stiftungsboom", der auch zu Beginn der Wirtschafts- und Finanzkrise anhielt.

Stiftungen boomen

Mit einem Testament helfen

Um gemeinnützigen, mildtätigen oder kirchlichen Organisationen von Todes wegen Vermögenswerte zukommen zu lassen, muss man ein Testament errichten und eine oder mehrere für förderungswürdig gehaltene Organisationen zu gleichen Teilen oder nach einem beliebigen Schlüssel als Erben einsetzen. Auch hier besteht die Möglichkeit, der Organisation per Vermächtnis nur einen bestimmten Vermögensvorteil (etwa einen Geldbetrag oder eine Immobilie) zu übereignen.

Tipp vom Fachanwalt für Erbrecht

Zu überlegen ist, wie und wer dem in der letztwilligen Verfügung geäußerten Willen nach dem Erbfall Geltung verschafft. Oft nimmt der Erblasser keinen Kontakt zu den Körperschaften auf, die er mit einem Vermächtnis oder einer Erbschaft bedenken will. Die Körperschaften erfahren meist erst Monate nach dem Tod eines Erblassers von der Tatsache, dass sie in einer letztwilligen Verfügung bedacht worden sind. Daher empfiehlt es sich zu prüfen, ob nicht die Anordnung einer Testamentsvollstreckung sinnvoll und zweckmäßig ist. Der Testamentsvollstrecker sollte eine von dem Erblasser ausgewählte Vertrauensperson sein, die zweckmäßigerweise sowohl die Pläne des Erblassers als auch die Vermögensstruktur des Nachlasses kennt. Damit ist gewährleistet, dass der Nachlass zügig der vom Erblasser vorgesehenen Verwendung zugeführt wird.

Testamentsvollstreckung sinnvoll

Formulierungsvorschlag „Karitative Organisation erhält Vermächtnis"

Vermächtnisanordnung

Max Moormann, kinderlos, nicht verheiratet und ohne nähere Verwandte, möchte seinen alten Schulfreund Anton Mayer als Erben einsetzen und der gemeinnützigen Organisation „Adventskalender für gute Werke e.V." ein Vermächtnis von 100.000 Euro zuwenden. Er kann hierzu folgendes Testament errichten:

Mein letzter Wille

1. Zu meinem alleinigen Erben setze ich, Max Moormann, geboren am 16.5.1956, derzeit wohnhaft in 80798 München, Augustenstr. 10, meinen Freund, Anton Mayer, geboren am 18.8.1958, derzeit wohnhaft in 81677 München, Mühlbaurstraße 1, ein.

Sollte Herr Anton Mayer zum Zeitpunkt meines Todes schon verstorben sein, so bestimme ich als Ersatzerbin die gemeinnützige Organisation „Adventskalender für gute Werke e.V." mit Sitz in 81677 München, Hultschiner Straße 8.

2. Im Wege des Vermächtnisses erhält aus meinem Nachlass die gemeinnützige Organisation „Adventskalender für gute Werke e.V." mit Sitz in 81677 München, Hultschiner Straße 8, einen Geldbetrag von 100.000 Euro. Einen Ersatzvermächtnisnehmer bestimme ich ausdrücklich nicht.

3. Meinen Erben belaste ich mit der Auflage, meine Grabstätte für die Dauer der vollen Ruhezeit zu pflegen und zu unterhalten.

4. Ich ordne Testamentsvollstreckung an. Der Testamentsvollstrecker hat die Aufgabe, meine oben im Testament genannten Anordnungen auszuführen und den Nachlass abzuwickeln. Zum Testamentsvollstrecker bestimme ich Herrn Rechtsanwalt Klaus Klug, mit Kanzleisitz in 80538 München, Widenmayerstraße 28. Ein etwaiger Ersatztestamentsvollstrecker soll durch den Vorstand des Netzwerks Deutscher Testamentsvollstrecker e.V. (www.NDTV.info) bestimmt werden. Die Vergütung des Testamentsvollstreckers soll sich nach den Empfehlungen des Deutschen Notarvereins richten.

München, den 1.8.2009 Max Moormann

Formulierungsvorschlag „Karitative Organisation wird Erbe"

Erbeinsetzung

Der alleinstehende Max Moormann möchte die gemeinnützige Organisation „Adventskalender für gute Werke e.V." als Erben einsetzen. Er kann hierzu folgendes Testament errichten:

Mein letzter Wille

1. Zu meinem alleinigen Erben setze ich, Max Moormann, geboren am 16.5.1956, derzeit wohnhaft in 80798 München, Augustenstr. 10, die gemeinnützige Organisation „Adventskalender für gute Werke e.V." mit Sitz in 81677 München, Hultschiner Straße 8, ein.

2. Meinen Erben belaste ich mit der Auflage, meine Grabstätte für die Dauer der vollen Ruhezeit zu pflegen und zu unterhalten.

3. Ich ordne Testamentsvollstreckung an. Der Testamentsvollstrecker hat die Aufgabe, meine oben im Testament genannten Anordnungen auszuführen und den Nachlass abzuwickeln. Zum Testamentsvollstrecker bestimme ich Herrn Rechtsanwalt Klaus Klug, mit Kanzleisitz in 80538 München, Widenmayerstraße 28. Ein etwaiger Ersatztestamentsvollstrecker soll durch den Vorstand des Netzwerks Deutscher Testamentsvollstrecker e.V. (www.NDTV.info) bestimmt werden. Die Vergütung des Testamentsvollstreckers soll sich nach den Empfehlungen des Deutschen Notarvereins richten.

München, den 1.8.2009 Max Moormann

Tipp vom Fachanwalt für Erbrecht

Steuerfreie Zuwendung

Die Erbeinsetzung oder das Vermächtnis zugunsten einer Organisation, die mildtätige oder karitative Zwecke verfolgt, hat den Vorteil, dass die Zuwendung erbschaftsteuerfrei ist, sofern die ausgewählte Organisation die in der Abgabenordnung festgelegten Voraussetzungen erfüllt. So muss die Organisation nach ihrer Satzung oder ihrem Stiftungsgeschäft und nach der tatsächlichen Geschäftsführung ausschließlich und unmittelbar mildtätigen Zwecken dienen. Mildtätig ist eine Organisation nur dann, wenn ihre Tätigkeit darauf gerichtet ist, Personen, die in Folge ihres körperlichen, geistigen oder seelischen Zustandes auf Hilfe angewiesen sind, selbstlos zu unterstützen. Um herauszufinden, ob eine Organisation diese Voraussetzungen erfüllt, muss man die Satzung anfordern; bereits aus dieser muss sich definitiv ergeben, dass die Organisation selbstlos, ausschließlich und unmittelbar den von ihr gewählten, mildtätigen Zweck verfolgt. Um ganz sicherzugehen, sollte neben der Satzung auch eine Kopie der letzten Ausfertigung des „Freistellungsbescheides“ angefordert werden. Dieser Bescheid wird vom Finanzamt ausgestellt und bestätigt, dass die Organisation nach Überprüfung des Jahresabschlusses tatsächlich steuerbegünstigte mildtätige Zwecke verfolgt.

Freistellungsbescheid prüfen

Für wen sind Stiftungen sinnvoll?

Nicht immer wird ein Kapital in Millionenhöhe zugewendet, schließlich verfügen keineswegs alle Stifter über ein großes Vermögen. So kann jeder fünfte Stifter weniger als 250.000 Euro als Gründungskapital einbringen. Bei einer Stiftung wird das Stiftungskapital in seinem Bestand erhalten. Die Stiftungszwecke werden ausschließlich mit den Erträgen aus dem Kapitalstamm (Vermögen) der Stiftung verfolgt. Rund 43 Prozent der Stiftungs-Neugründungen müssen mit weniger als 100.000 Euro Kapital an den Start gehen, so dass in Zeiten niedriger Kapitalzinsen nur wenige 1.000 Euro pro Jahr für den Stiftungszweck verwendet werden können. Nach den Ergebnissen einer Studie der Bertelsmann-Stiftung sind heute die Personen, die eine Stiftung gründen, keineswegs „alt, reich und verschroben“; ganz im Gegenteil prägen immer mehr jüngere, aktive Initiatoren und Geldgeber die Stiftungslandschaft – fast 40 Prozent sind jünger als 60 Jahre.

Die Errichtung einer Stiftung kommt vor allem für Personen in Frage, die

Warum eine Stiftung gründen?

- keinen Partner oder keine eigenen Kinder haben;
- ihren Verwandten oder dem Staat nichts oder nur einen Teil ihres Vermögens vererben wollen;
- gemeinnützige Ziele (zum Beispiel Unterstützung hilfsbedürftiger Menschen, Erhaltung der natürlichen Umwelt, Förderung der Wissenschaft) realisieren wollen.

Stiftungsformen

Die Formen der Stiftungen sind so vielfältig wie die Motive der Stifter. Den ganz überwiegenden Teil der Neugründungen machen die gemeinnützigen Stiftungen mit über 90 Prozent aus. Diese Stiftungen dienen zur Verwirklichung religiöser, wissenschaftlicher, mildtätiger und karitativer Zwecke. Familienstiftungen haben demgegenüber den Zweck, überwiegend dem Interesse oder dem Wohl der Mitglieder einer oder mehrerer Familien zu dienen, die in der Gründungsurkunde genannt sind. Unternehmensverbundene Stiftungen betreiben oder halten Beteiligungen an Firmen zum Zweck der Erhaltung des Unternehmens, Sicherung der Kontinuität und Vermeidung der Zerschlagung im Erbfall. Vor allem Unternehmer, die keine Erben haben, können mit der Errichtung einer Stiftung dafür sorgen, dass ihr Lebenswerk erhalten bleibt.

Familienstiftung

Errichtung einer Stiftung

Eine Stiftung ist eine vom Gründer geschaffene Institution, die die Aufgabe hat, den festgelegten Stiftungszweck mit Hilfe des übereigneten Kapitals dauerhaft zu verfolgen. Daher sind die wesentlichen Elemente des Stiftungsbegriffs: die Stiftungsorganisation, der Stiftungszweck und das Stiftungsvermögen. Zur Gründung einer rechtsfähigen Stiftung benötigt man die Anerkennung durch die Stiftungsaufsichtsbehörde des Bundeslandes, in dessen Gebiet die Stiftung ihren Sitz haben soll. Durch das „Stiftungsgeschäft" setzt der Stifter den Stiftungsakt. Er erklärt verbindlich, dass er eine selbständige Stiftung errichten will und ein bestimmter Teil seines Vermögens auf Dauer der Erfüllung bestimmter Zwecke gewidmet wird. Die Stiftungsorganisation regelt die Stiftungssatzung. In den Stiftungsgesetzen der Bundesländer sind die Anforderungen präzisiert, die in der Regel an die Satzung gestellt werden:

Formalien der Stiftungsgründung

- Name der Stiftung
- Sitz und Zweck der Stiftung
- Organe der Stiftung sowie deren Bildung, Aufgaben und Befugnisse

- Vermögen der Stiftung
- Verwendung der Erträge des Stiftungsvermögens
- Rechtsstellung der durch die Stiftung Begünstigten
- Anpassung der Stiftung an geänderte Verhältnisse

Stiftungsgründung mittels Testament

Stiftungsgründung zu Lebzeiten oder von Todes wegen

Eine Stiftung kann sowohl „unter Lebenden" als auch „in einer Verfügung von Todes wegen" errichtet werden. Nahezu 90 Prozent der Stiftungen werden unter Lebenden errichtet. Der Grund hierfür liegt auf der Hand: Der Stifter hat zu Lebzeiten die Möglichkeit, maßgeblichen Einfluss auf „seine" Stiftung und deren Arbeit zu nehmen. Er kann Fehlentwicklungen entgegenwirken, Fehleinschätzungen korrigieren und durch die Änderung der Satzung die Stiftungsorganisation optimieren.

Testamentsvollstreckung ratsam

Bei der Stiftung von Todes wegen unterliegt das Stiftungsgeschäft den besonderen erbrechtlichen Formvorschriften, das heißt, sie kann in einem privatschriftlichen oder notariellen Testament oder in einem Erbvertrag vom Stifter errichtet werden. Unbedingt zu empfehlen ist bei der Errichtung einer Stiftung von Todes wegen die Einsetzung eines Testamentsvollstreckers. Denn nach dem Todesfall wird eine Person benötigt, die den Willen des Stifters fachkundig umsetzt und die Anerkennung der Stiftung betreibt.

Formulierungsvorschlag „Stiftungsgründung mittels Testament"

Der alleinstehende Millionär Max Moormann leidet an Aids und möchte von Todes wegen eine Stiftung gründen, deren Aufgabe es ist, die Aids-Forschung zu fördern. Er kann hierzu folgendes Testament errichten:

Mein letzter Wille

1. Ich, Max Moormann, geboren am 16.5.1956, derzeit wohnhaft in 80798 München, Augustenstr. 10, setze zu meinem alleinigen Erben meines gesamten Vermögens eine noch zu gründende, selbständige Stiftung des bürgerlichen Rechts ein (§§ 80 ff. BGB). Die Stiftung trägt den Namen „Max Moormann Stiftung". Im Übrigen bestimme ich als Stiftungsgeschäft Folgendes:

a) Die Stiftung hat ihren Sitz in München.

b) Der Stiftungszweck besteht in der Förderung der Wissenschaft und Lehre im Bereich der Aidsforschung.

c) Die Stiftung soll gemeinnützig sein.

d) Das Stiftungsvermögen umfasst den gesamten Nachlass.

e) Der Vorstand besteht aus einer Person. Für den Vorstand bestimme ich meine Steuerberaterin Frauke Fink, derzeit wohnhaft in 81677 München, Mühlbaurstr. 1.

2. Ich bestimme Herrn Rechtsanwalt Klaus Klug, mit Kanzleisitz in 80538 München, Widenmayerstraße 28, zum Testamentsvollstrecker mit der Aufgabe, unmittelbar nach meinem Tod die Stiftung gemäß der beigefügten Satzung zu errichten, die Genehmigung der zuständigen Behörde zu diesem Stiftungsgeschäft einzuholen und die Vermögenszuwendung an die Stiftung sicherzustellen. Wird seitens der Genehmigungsbehörde keine Genehmigung der Stiftung erteilt, dann ist der Testamentsvollstrecker befugt, die Satzung der Stiftung entsprechend den Anforderungen der Genehmigungsbehörde anzupassen. Wird die Stiftung nicht genehmigt, dann bestimme ich die UNICEF Stiftung zu meinem alleinigen Erben.

Ein etwaiger Ersatztestamentsvollstrecker soll durch den Vorstand des Netzwerks Deutscher Testamentsvollstrecker e.V. (www.NDTV.info) bestimmt werden. Die Vergütung des Testamentsvollstreckers soll sich nach den Empfehlungen des Deutschen Notarvereins richten.

München, den 1.8.2009 Max Moormann

Tipp vom Fachanwalt für Erbrecht

Wer eine Stiftung gründen möchte, ist gut beraten, sich bereits in der Gründungsphase bei der jeweiligen Stiftungsaufsichtsbehörde zu erkundigen und dort einen Entwurf der Stiftungssatzung zur Vorprüfung einzureichen. Mit dem Ergebnis dieser Prüfung kann der Stifter dann seinen Entwurf optimieren.

Vermögensausstattung der Stiftung

Damit die Organe der Stiftung den Stiftungszweck verwirklichen können, bedürfen sie eines ausreichenden Vermögens. Das Stiftungsvermögen kann aus Finanzmitteln, Sachen und Rechten, die der Stiftung bei der Gründung (Errichtungsdotationen) oder später (Zustiftungen) übereignet oder übertragen werden, bestehen. Damit die Verwirklichung des Stiftungszwecks gesichert ist, muss die Vermögensausstattung dem konkreten Zweck in ausreichendem Umfang entsprechen. In der Regel ist ein Mindestkapital von 50.000 Euro erforderlich. Bei kleineren Vermögen sollten stiftungswillige Personen daher überlegen, ob es nicht eine Alternative für sie darstellt, ihr Vermögen einer bereits bestehenden Stiftung zuzustiften, die Ziele verfolgt, die sie auch unterstützen wollen. Dadurch kann man vermeiden, dass die ohnehin zu erwartenden geringen Erträge im Wesentlichen für die Verwaltung der Stiftung aufgebraucht werden und für den eigentlichen Stiftungszweck kaum Mittel zur Verfügung stehen.

50.000 Euro sind Mindestkapital

Tipp vom Steuerberater

Rein steuerliche Gründe sollten nicht allein das Motiv für die Gründung einer Stiftung sein. Dennoch sind die steuerlichen Vor- und Nachteile einer Stiftungsgründung insbesondere vor der Gründung anzusprechen – am besten im Rahmen einer professionellen Beratung. Familien- und Unternehmensstiftungen sind nicht immer steuerlich begünstigt! Das Steuer-

Steuervorteile klären

sparmodell ist jedoch die am häufigsten gewählte „gemeinnützige" Stiftung. Bei ihrer Errichtung und auch bei Zustiftungen ist sie von der Erbschaft- und Schenkungsteuer befreit. In der laufenden Besteuerung fallen keine Gewerbesteuer und keine Körperschaftsteuer an. Nur ein möglicher wirtschaftlicher Geschäftsbetrieb unterliegt diesen Steuern.

Gemeinnützige Stiftungen sind steuerbefreit

Um die Bereitschaft zur Errichtung von Stiftungen zu fördern, hat der Gesetzgeber die steuerlichen Rahmenbedingungen mit Wirkung zum 1. Januar 2007 nochmals verbessert. Der Höchstbetrag des Sonderausgabenabzuges bei Zuwendung an steuerbefreite („gemeinnützige") Stiftungen des privaten Rechts wurde von 307.000 Euro auf eine Million Euro erhöht. Bisher konnte der Abzug nur dann vorgenommen werden, wenn die Zuwendung anlässlich einer Neugründung als „Gründungsspende" erfolgte. Seit 2007 sind auch steuerbefreite Zuwendungen als sogenannte Zustiftungen in das Vermögen bereits bestehender Stiftungen möglich. Wie bisher kann der Zuwendende den Sonderausgabenabzug einmal innerhalb von zehn Jahren geltend machen. Hierbei steht es in seinem Belieben, ob er dies im Jahr der Zuwendung oder in den darauffolgenden neun Jahren tut. Des Weiteren hat der Zuwendende auch die Möglichkeit, den Sonderausgabenabzug gleichmäßig oder unterschiedlich über den Zehnjahreszeitraum zu verteilen. Verschmerzen lässt sich aufgrund der aus Sicht des Zuwendenden erheblich verbesserten Regelung, dass der bisherige Abzugsbetrag von 20.450 Euro für laufende Zuwendungen mit Wirkung zum 1.1.2007 ersatzlos gestrichen wurde.

KAPITEL 15

Die Formalien einer letztwilligen Verfügung

Alle Bürgerinnen und Bürger haben das Recht, zu Lebzeiten nach eigenen Vorstellungen und Vorlieben zu bestimmen, welche Personen oder auch Organisationen eines Tages ihren Nachlass erben sollen. Dieses Recht wird auch als „Testierfreiheit" bezeichnet.

Formalien beachten

Ein Testament muss bestimmten Formvorschriften entsprechen, sonst ist es teilweise oder komplett ungültig. Für die Erstellung eines letzten Willens muss eine Person („der Testierende") „geschäftsfähig" sein, er kann das Dokument nur „höchstpersönlich" errichten. Der Gesetzgeber unterscheidet zwischen privatschriftlichen (das heißt: „handschriftlichen") und öffentlichen („notariellen") Testamenten. Besonders wichtig ist auch die richtige Verwahrung eines Testamentes, damit es nicht von unbefugten Personen vernichtet werden kann.

Testierfähigkeit und Höchstpersönlichkeit

Alle Erwachsenen, die testierfähig sind, können ein rechtsgültiges Testament errichten. Jugendliche können bereits ab 16 Jahren ihren letzten Willen niederlegen, müssen dies jedoch beim Notar tun; das handschriftliche Testament eines 16- oder 17-Jährigen wäre ungültig. Menschen, die aufgrund einer Erkrankung oder nach einem Unfall nicht in der Lage sind, ihre Handlungen und Erklärungen zu verstehen, können kein gültiges Testament mehr errichten. Liegt ein medizinischer Grenzfall vor, ist es sinnvoll, sich kurz vor Testamentserrichtung fachärztlich untersuchen zu lassen, um zu vermeiden, dass das Testament nach dem Tod mit dem Hinweis auf

Gutachten bei Zweifeln an der Testierfähigkeit

eine schwere geistige Erkrankung und nicht mehr gegebene Einsichtsfähigkeit angefochten wird.

Vertretung unzulässig

Die Testamentserrichtung ist ein höchstpersönliches Rechtsgeschäft. Generell scheidet daher eine Vertretung durch Dritte aus. Es ist also nicht möglich, stellvertretend für einen anderen Menschen zu testieren.

Testament oder Erbvertrag?

Wer seinen letzten Willen niederlegen will, hat die Wahl zwischen folgenden Alternativen:

- handschriftliches oder notarielles Testament
- gemeinschaftliches Ehegattentestament
- Erbvertrag

Das handschriftliche Testament

Viele Menschen wählen zu Recht die einfache traditionelle Form des Testaments. Sie schreiben mit der Hand auf ein Blatt Papier „Testament“ oder „Mein letzter Wille“, geben sodann – in mehr oder weniger leserlicher Schrift – bekannt, wer welche Gegenstände oder Geldbeträge bekommen soll, notieren Ort und Datum und setzen die Unterschrift unter dieses Dokument. Fertig ist das Testament? Nicht ganz – es gilt dabei einiges zu beachten. Um rechtsgültig zu sein, muss das Testament erstens von Anfang bis Ende handschriftlich verfasst und zweitens unterschrieben sein. Die Angabe von Ort und Datum ist nicht notwendig, aber sehr sinnvoll. Wenn eine Person über die Jahre mehrere widersprüchliche Testamente verfasst, ohne das Datum anzugeben, lässt sich später der „letzte Wille“ – also das zuletzt verfasste Testament – nicht mehr zweifelsfrei ermitteln. Streitigkeiten – auch vor Gericht – sind häufig die Folge.

Ort, Datum, Unterschrift nicht vergessen

Das öffentliche (notarielle) Testament

Die Errichtung eines notariellen Testaments läuft meist so ab: Der Notar fertigt von dem mündlich vorgetragenen letzten Willen eine Niederschrift an und liest sie dem Testierenden vor. Wenn keine Änderungen mehr gewünscht werden, unterschreiben beide, der Erblasser und der Notar. Das beurkundete Testament wird dem Erblasser in Abschrift zugesandt und das Original im Notariat verwahrt. Ebenfalls möglich ist es, dem Notar ein Dokument in einem offenen oder verschlossenen Umschlag zu übergeben und zu erklären, es handele sich um den letzten Willen. Das Dokument muss nicht handschriftlich geschrieben sein. Der Notar beurkundet sodann das Testament, das damit Rechtsgültigkeit erhält.

Beurkundung durch Notar

Hinterlegung

Wer Wert darauf legt, dass das Testament nach dem Tod auch tatsächlich gefunden und beachtet wird, muss sich um einen sicheren Aufbewahrungsort und die leichte Auffindbarkeit kümmern. Die Aufbewahrung in einem Versteck, zum Beispiel im Umschlag eines Buches, ist nicht zu empfehlen, denn wenn die Angehörigen in diesem Umschlag nicht suchen und das Testament nicht finden, kann der letzte Wille nicht beachtet werden. Die Hinterlegung in einem Banksafe stellt die Angehörigen, Freunde oder andere Erben ebenfalls vor ein gewaltiges Problem, denn um gegenüber der Bank nachweisen zu können, dass sie berechtigt sind, den Safe zu öffnen, müssen sie das Testament vorlegen. Wer mit seinem Testament Personen enterbt, die nach der gesetzlichen Erbfolge zum Zuge gekommen wären, sollte dafür sorgen, dass nicht diese es sind, die das Originaldokument mit der niederschmetternden Botschaft auffinden. Ein unliebsames Stück Papier ist schnell spurlos verschwunden. Unproblematisch ist es dagegen, den Personen, die von einem Testament profitieren, schon zu Lebzeiten eine Kopie zu übergeben und zu vermerken, wo sich das Original

Sichere Verwahrung

befindet. Auch mündliche und schriftliche Hinweise gegenüber den eigenen Kindern oder nahestehenden Freunden, wo das Testament aufzufinden ist, sind sinnvoll. Während die Aufbewahrung zu Hause immer mit einer gewissen Unsicherheit verbunden ist, geht man mit der Hinterlegung beim Amtsgericht auf Nummer sicher. Die Kosten für diese Dienstleistung hängen vom Nachlasswert ab und sind relativ gering.

Tipp vom Fachanwalt für Erbrecht

Beratung durch Experten sinnvoll

Viele Testamente sind fehlerhaft oder enthalten Bestimmungen, die unklar oder für die Erben ungünstig sind. Oftmals werden mögliche Steuervorteile aus Unwissenheit verschenkt. Wer handschriftlich testiert, sollte sich von einem Erbrechtsexperten beraten lassen. Es empfiehlt sich in diesem Fall, einen Entwurf des geplanten Testaments zur Beratung mitzubringen.

Das Ehegattentestament

Berliner Testament

In einem gemeinschaftlichen Testament können Ehepartner ihre Vermögensnachfolge aufeinander abstimmen (siehe auch Seite 28). Eine häufig gewählte Variante des gemeinschaftlichen Testaments ist das sogenannte „Berliner Testament". Damit setzen sich die Ehegatten als Alleinerben und andere Personen – in der Regel die eigenen Kinder – als Schlusserben ein. Das privatschriftliche Ehegattentestament ist gültig, wenn es als „Letzter Wille" oder „Testament" bezeichnet ist, das gesamte Dokument mit der Handschrift von einem Partner niedergelegt wurde und sodann beide Partner mit ihrer vollständigen Unterschrift dessen Gültigkeit bestätigen. Auch hier ist es ratsam, Datum und Ort zu ergänzen.

Der Erbvertrag

Mit einem Erbvertrag kann ein Erblasser entweder mit der eigenen Familie oder anderen familienfremden Personen vereinbaren, wer unter welchen Bedingungen den gesamten Nachlass oder Teile des Vermögens erhalten soll. Ein Erbvertrag erfordert die notarielle Form. Beide Vertragspartner müssen zur gleichen Zeit persönlich beim Notar anwesend sein und den Vertrag unterzeichnen. Ein Erbvertrag ist für beide Vertragspartner bindend. Nach Abschluss eines Erbvertrages kann der vertraglich gebundene Erblasser noch frei über sein Vermögen verfügen, jedoch aus dem vertraglich vererbten Vermögen keine Schenkungen mehr zum Nachteil des Vertragserben vornehmen. Da Änderungen an einem Erbvertrag nur einvernehmlich von beiden Vertragspartnern vorgenommen werden können, ist diese Form der letztwilligen Verfügung nur dann empfehlenswert, wenn es den Testierenden gerade auf diese Bindungswirkung ankommt. Das einseitige Testament ist flexibler, da der Erblasser es jederzeit ändern, ergänzen oder vernichten kann. Ein Formulierungsbeispiel für einen Erbvertrag finden Sie auf Seite 63.

Bindungswirkung des Erbvertrages

Tipp vom Fachanwalt für Erbrecht

Überprüfen Sie alle zwei bis drei Jahre, ob Ihre letztwillige Verfügung noch aktuell und stimmig ist. Wenn der eingesetzte Erbe überraschenderweise vor Ihnen stirbt, können Sie andere Personen als Erben einsetzen. Änderungen können auch dann erforderlich sein, wenn sich die Zusammensetzung Ihres Vermögens geändert hat.

Testament regelmäßig überprüfen

KAPITEL 16

Pflichtteilsrecht und Pflichtteilsreform

Pflichtteil als „Notanker" des Enterbten

Wenn eine Person in einem Testament einzelne Familienangehörige als Erben oder Vermächtnisnehmer vorrangig versorgt, führt das in der Regel zu einer wirtschaftlichen Benachteiligung der restlichen Verwandten. Dies kann dazu führen, dass benachteiligte Personen gegenüber den Erben rechtmäßige Ansprüche auf „ihren Pflichtteil" geltend machen. Da ein Pflichtteil nach dem Erbfall innerhalb weniger Wochen in Bargeld – nicht etwa in Gestalt von Immobilien oder Wertgegenständen – zu zahlen ist, läuft der Erbe Gefahr, plötzlich unverschuldet in Liquiditätsprobleme zu geraten. Bei der Testamentsgestaltung sollte daher der Erblasser immer das Pflichtteilsrisiko kalkulieren und durch gezielte Wahl der Anordnungen ausschließen oder minimieren. In diesem Zusammenhang ist die Reform des Erb- und Pflichtteilsrechts zu beachten, die zum 1.1.2010 in Kraft tritt.

Pflichtteilsreform zum 1.1.2010

Wer ist pflichtteilsberechtigt?

Einen rechtmäßigen Anspruch auf einen Pflichtteil können nur die nächsten Familienangehörigen des Erblassers geltend machen: seine „Abkömmlinge" (Kinder, Enkel, Urenkel), seine Eltern und sein Ehegatte, sofern er zum Zeitpunkt des Todes noch lebt (§ 2303 BGB). Zu den Kindern zählen auch nichteheliche und adoptierte Kinder, soweit sie erbberechtigt sind, und ein zur Zeit des Todes noch nicht geborenes, aber bereits gezeugtes Kind. Nicht pflichtteilsberechtigt sind dagegen Stiefkinder und Stiefeltern, entferntere Verwandte wie Geschwister, Onkel, Tanten, Neffen und Nichten sowie ein möglicherweise vorhandener nichtehelicher Lebensgefährte.

Geschwister haben kein Pflichtteilsrecht

Pflichtteil wegen Enterbung

Ein Pflichtteilsanspruch entsteht, wenn derjenige, der den Anspruch geltend macht, durch Testament oder Erbvertrag von der gesetzlichen Erbfolge ausgeschlossen worden ist (§ 2303 BGB).

Pflichtteil nach Ausschlagung der Erbschaft

Ein in einem Testament oder Erbvertrag bedachter Erbe kann unter Umständen den Pflichtteilsanspruch auch dadurch herstellen, dass er die Erbschaft ausschlägt und den Pflichtteil verlangt (§ 2306 BGB). Dies kann für ihn von Vorteil sein, wenn er bestimmte Anordnungen und Einschränkungen, die der Erblasser verfügt hat – etwa eine Testamentsvollstreckung – nicht gegen sich gelten lassen möchte. Eine Besonderheit besteht für den überlebenden Ehegatten, wenn die Eheleute in Zugewinngemeinschaft gelebt haben: Der überlebende Ehegatte kann das, was ihm der verstorbene Ehepartner durch Testament oder Erbvertrag zugewendet hat, ausschlagen und dann ehelichen Zugewinnausgleich und den Pflichtteil verlangen.

Pflichtteil des Ehegatten

Pflichtteilsreform: Erleichtertes Wahlrecht zwischen Erb- und Pflichtteil?

Die bisherige Fassung des § 2306 Abs. 1 BGB stellte eine für den pflichtteilsberechtigten Erben sehr komplizierte und in der Praxis oft schwer handhabbare Regelung dar: War der dem Pflichtteilsberechtigten hinterlassene Erbteil mit Beschränkungen oder Beschwerungen belastet, musste er innerhalb der kurzen Ausschlagungsfrist von sechs Wochen ermitteln, ob der ihm hinterlassene Erbteil kleiner bzw. gleich groß (oder größer) als sein Pflichtteil ist. Nur in letzterem Fall konnte er ausschlagen und seinen vollen Pflichtteil fordern.

Die Pflichtteilsreform, die zum 1.1.2010 in Kraft tritt, sieht demgegenüber vor, dass der beschränkte oder belastete Erbe – unabhängig von der Höhe seines Erbteils – ein Wahlrecht hat: Er kann entweder den Erbteil mit allen Belastungen und Beschwerungen annehmen oder den Erbteil ausschlagen und dennoch den Pflichtteil verlangen.

Tipp vom Fachanwalt für Erbrecht

Wer eine Erbschaft ausschlagen will, muss dies innerhalb von sechs Wochen, nachdem er oder sie vom Tod des Erblassers oder von der Existenz einer letztwilligen Verfügung erfahren hat, gegenüber dem Nachlassgericht erklären (§ 1944 BGB). Danach ist eine Ausschlagung nicht mehr möglich.

6-Wochen-Frist beachten

Höhe des Pflichtteils

Der Pflichtteilsanspruch ist ein – mit dem Erbfall sofort fälliger – Geldanspruch, der sich gegen die Erben des oder der Verstorbenen richtet. Die Höhe des Pflichtteils beträgt die Hälfte des gesetzlichen Erbteils. Es muss also immer erst festgestellt werden, wie hoch der gesetzliche Erbteil einer Person wäre, die ihren Pflichtteil verlangt, und das wiederum ist abhängig davon, wie viele Erbberechtigte es neben den Erb- und Pflichtteilsberechtigten gibt und in welcher Konstellation sie zueinander stehen (Ehepartner/Kinder des Verstorbenen). Besonderheiten bestehen für Eheleute mit Zugewinngemeinschaft. Für die Höhe des Pflichtteils des überlebenden Ehegatten kommt es darauf an, in welchem Güterstand die Eheleute beim Tod des Erblassers oder der Erblasserin gelebt haben. Lebten die Eheleute im gesetzlichen Güterstand der Zugewinngemeinschaft, so erhöht sich der gesetzliche Erbteil des Überlebenden durch den pauschalierten erbrechtlichen Zugewinnausgleich um ein Viertel. Die nachfolgende Tabelle veranschaulicht die Abhängigkeit der Pflichtteilsquote vom ehelichen Güterstand:

Quote abhängig vom Güterstand und Zahl der Kinder

Ehelicher Güterstand des Erblassers	**Pflichtteil je Kind** (wenn der Erblasser im Erbfall noch verheiratet war)			**Pflichtteil des Ehegatten** (neben Abkömmlingen)
	bei 1 Kind	bei 2 Kindern	bei 3 Kindern	
Gesetzlicher Güterstand (= Zugewinngemeinschaft)	1/4	1/8	1/12	1/8
Gütertrennung	1/4	1/6	1/8	bei 1 Kind: 1/4 bei 2 Kindern: 1/6 bei 3 und mehr Kindern: 1/8
Gütergemeinschaft	3/8	3/16	3/24	1/8

Die Bewertung des Nachlasses

Die Höhe des Pflichtteilsanspruchs ist abhängig vom Wert des Nachlasses. Es müssen daher zunächst alle Vermögenswerte, die zum Nachlass gehören, bewertet werden; danach werden alle Schulden, die der Verstorbene hinterlassen hat, abgezogen.

Bewertung des vorhandenen Vermögens

Es zählt der Verkehrswert

- **Immobilien:** Grundstücke werden grundsätzlich mit dem Verkehrswert angesetzt (also mit dem auf dem freien Markt erzielbaren Geldwert). Für das selbst genutzte Einfamilienhaus oder die selbst genutzte Eigentumswohnung wird nach dem Sachwertverfahren vorgegangen, das sich an den Herstellungskosten orientiert. Es muss also gefragt werden, was es heute kosten würde, dieses Haus oder diese Wohnung zu bauen. Anschließend ist dann das Alter des Hauses oder der Eigentumswohnung wertmindernd zu berücksichtigen. Ein Mietshaus, das als Vermögensanlage zum Nachlass gehört, wird nach dem Ertragswertverfahren bewertet, das auf die erzielte Rendite (die eingehenden Mieten) abstellt. Bei unbebauten Grundstücken wird der Wert durch den Vergleich der Kaufpreise für benachbarte Grundstücke ermittelt (Bodenrichtwert). Häufig ist es notwendig, den Wert durch Schätzung zu ermitteln; dafür werden in aller Regel Sachverständigengutachten eingeholt, die in ihren Ergebnissen durchaus unterschiedlich ausfallen können.

Gutachten erforderlich

- **Wertpapiere:** Wertpapiere werden mit dem Kurswert am Todestag des Erblassers angesetzt.
- **Gesellschaftsanteile:** Diese Anteile sind grundsätzlich, soweit der Gesellschaftsvertrag nichts anderes vorsieht, mit ihrem vollen tatsächlichen Wert zu berücksichtigen, mit dem Wert also, den ein Außenstehender normalerweise als Kaufpreis zahlen würde.
- **Handelsgeschäft oder Praxis:** Gehört ein Handelsgeschäft oder eine Praxis zum Nachlass, so ist der sogenannte innere Wert – der „good-will" – maßgebend.
- **Lebensversicherungen:** Diese sind nur dann dem Nachlass zuzurechnen, wenn der oder die Verstorbene selbst bezugsberechtigt war. Sie gehören dagegen dann nicht in den Nachlass, wenn der Versicherte der Versicherung einen Dritten als Bezugsberechtigten benannt hat. Dann steht die Versicherungssumme der Person zu, die im Versicherungsvertrag eingetragen ist, und die Leistung erfolgt aufgrund des Versicherungsvertrags und nicht aufgrund des Erbrechts.

Bezugsberechtigung klären

Was ist vom Nachlass abzuziehen?

- **Geldschulden:** Vom Nachlasswert abzuziehen sind zunächst alle Geldschulden des Verstorbenen.
- **Zugewinnausgleichsforderung:** Abgezogen wird auch der eheliche Zugewinnausgleich, wenn der länger lebende Ehegatte eine entsprechende Forderung stellt.
- **Kosten, die mit dem Erbfall entstehen:** Dazu gehören die Beerdigungskosten für den Verstorbenen und – soweit vor-

handen – die Kosten für eine Nachlassverwaltung sowie die Prozesskosten im Zuge von Erbschaftsstreitigkeiten (Gerichtskosten, Rechtsanwaltsgebühren, Kosten für Gutachter).

- **Der „Voraus" des überlebenden Ehegatten:** Eine länger lebende Ehefrau kann – wenn sie gesetzliche Erbin ist – Möbel und sonstige Haushaltsgegenstände sowie die Hochzeitsgeschenke vorab behalten. Die Pflichtteilsansprüche von Eltern und Abkömmlingen vermindern sich dadurch.

Was nicht abgezogen wird

- **Der „Dreißigste"** wird nicht abgezogen. Die Miet- und Unterhaltskosten für diejenigen Personen, die mit dem Verstorbenen bis zu seinem Tod zusammengelebt und von ihm Unterhalt bezogen haben, müssen während der ersten 30 Tage nach dem Todesfall also von dem Erben oder der Erbengemeinschaft allein bezahlt werden. Die Pflichtteilsansprüche werden dadurch nicht vermindert.

Vermächtnisse kürzen nicht den Pflichtteil

- **Vermächtnisse und Auflagen:** Nicht abgezogen werden Vermächtnisse und Auflagen, die der Verstorbene im Testament verfügt hat, auch nicht die Pflichtteilsansprüche von Pflichtteilsberechtigten.
- **Die Erbschaftsteuer:** Nicht abgezogen wird insbesondere die Erbschaftsteuer des jeweils Erb- oder Pflichtteilsberechtigten. Zu beachten ist aber: Andere Steuerschulden, nämlich solche des Erblassers selbst, die im Zeitpunkt des Todes bereits bestanden haben, werden abgezogen, vermindern also das hinterlassene Vermögen und damit auch die Ansprüche von Pflichtteilsberechtigten.

Pflichtteilsergänzung nach Schenkungen

Schenkungen des Erblassers erhöhen den Pflichtteil

Häufig versuchen Erblasser den künftigen Pflichtteilsanspruch von erbberechtigten Verwandten und Ehegatten dadurch zu unterlaufen, dass sie Teile des Vermögens schon zu Lebzeiten an diejenigen verschenken, die sie gern als alleinige Erben sehen würden. Auch hier setzt das Pflichtteilsrecht Grenzen: Die meisten Schenkungen, die der Erblasser in den letzten zehn Jahren vor seinem Tod gemacht hat, werden dem Nachlass hinzugerechnet (§ 2325 BGB) und erhöhen damit den Pflichtteilsanspruch der Pflichtteilsberechtigten. Eine Sonderregelung zugunsten von Pflichtteilsberechtigten gilt bei Schenkungen unter Ehegatten: Wird die Ehe durch Tod aufgelöst, sind alle während der gesamten Ehezeit von dem Erblasser an seinen überlebenden Ehegatten gemachten Schenkungen ergänzungspflichtig, auch wenn sie Jahrzehnte zurückliegen. Das bedeutet allerdings nicht, dass die Schenkung als solche rückgängig gemacht wird. Sie bleibt vielmehr wirksam.

10-Jahres-Frist bei Schenkungen

Der Pflichtteilsanspruch gemäß § 2303 BGB und der Pflichtteilsergänzungsanspruch gemäß § 2325 BGB stehen selbständig nebeneinander und müssen bei der Berechnung auseinandergehalten werden. Eine Berechtigung, den Pflichtteilsergänzungsanspruch geltend zu machen (§ 2325 BGB), setzt nicht voraus, dass der Erblasser überhaupt eine Verfügung von Todes wegen hinterlassen hat. Der Pflichtteilsergänzungsanspruch ist deshalb auch bei gesetzlicher oder testamentarischer Erbfolge immer dann zu prüfen, wenn dem Erben, der zum Kreis der Pflichtteilsberechtigten gehört, rechnerisch weniger hinterlassen wurde als der Wert seines Pflichtteils.

Abschmelzungsmodell

Pflichtteilsreform: Abschmelzung des Pflichtteilsergänzungsanspruchs

Nach der bisherigen Fassung des § 2325 Abs. 3 BGB bleiben Schenkungen beim Pflichtteilsergänzungsanspruch unberücksichtigt, wenn zur Zeit des Erbfalls zehn Jahre seit der Schenkung vergangen sind. Dieses „Alles-oder-Nichts"-Prinzip führte allerdings zu willkürlichen Ergebnissen: Erfolgt die Schenkung zum Beispiel zehn Jahre und einen Monat vor dem Erbfall, hat der Pflichtteilsberechtigte keinen Anspruch mehr. Erfolgt die Schenkung neun Jahre und elf Monate vor dem Erbfall, ist der volle Betrag der Schenkung entsprechend der Quote des Pflichtteilsberechtigten in Ansatz zu bringen.

Die Pflichtteilsreform sieht demgegenüber eine gleitende „Pro-Rata"-Lösung vor: Die Schenkung wird nur noch im ersten Jahr vor dem Erbfall mit 100 Prozent berücksichtigt. Für jedes weitere Jahr vor dem Erbfall wird der Wertansatz um 1/10 reduziert, das heißt „abgeschmolzen".

Abschmelzmodell nach der Pflichtteilsreform	
Die Leistung des Schenkungsgegenstandes durch den Erblasser erfolgt ...	Berücksichtigung des Schenkungswertes beim Pflichtteilsergänzungsanspruch mit ...
im 1. Jahr vor dem Erbfall	100%
im 2. Jahr vor dem Erbfall	90%
im 3. Jahr vor dem Erbfall	80%
im 4. Jahr vor dem Erbfall	70%
im 5. Jahr vor dem Erbfall	60%
im 6. Jahr vor dem Erbfall	50%
im 7. Jahr vor dem Erbfall	40%
im 8. Jahr vor dem Erbfall	30%
im 9. Jahr vor dem Erbfall	20%
im 10. Jahr vor dem Erbfall	10%
im 11. Jahr vor dem Erbfall oder früher	0%

Anrechnung von Geschenken

Anrechnungsbestimmung beachten

Wenn der Erblasser dies bei der Zuwendung bestimmt hat, müssen Zuwendungen auf den Pflichtteil angerechnet werden (§ 2315 BGB). Es empfiehlt sich eine ausdrückliche – möglichst schriftliche – Erklärung zum Zeitpunkt der Schenkung. In einem späteren Testament ist dies nicht mehr möglich. Die Anrechnung kann auch stillschweigend vereinbart worden sein. Dies ist allerdings oft schwer zu beweisen.

Pflichtteilsreform: Keine nachträgliche Anrechnung von Zuwendungen auf den Pflichtteil

Im Rahmen der Pflichtteilsreform wurde diskutiert, ob es möglich sein soll, dass der Erblasser auch nachträglich im Rahmen einer letztwilligen Verfügung eine Anrechung früherer Zuwendungen anordnen kann. Der Gesetzgeber hat aber diese Überlegungen im Gesetz zur Änderung des Erbrechts, das zum 1.1.2010 in Kraft tritt, nicht umgesetzt. Das Vertrauen des Zuwendungsempfängers darauf, dass nicht nachträglich noch Auswirkungen der Zuwendung auf den späteren Pflichtteil entstehen, sei zu schützen.

Auskunftspflicht des Erben

Erbe muss Nachlassverzeichnis vorlegen

Wer pflichtteilsberechtigt ist, kann seinen Pflichtteilsanspruch gegen den Erben oder gegen die Erbengemeinschaft nur berechnen, wenn er oder sie darüber informiert ist, was zum Nachlass gehört und welchen Wert er hat. Das Gesetz gibt Pflichtteilsberechtigten einen Auskunftsanspruch (§ 2314 BGB). Die Erben müssen deshalb die Pflichtteilsberechtigten darüber unterrichten, welche Gegenstände und Werte im Nachlass vorhanden sind; dafür genügt ein Verzeichnis der Nachlassgegenstände und Nachlassschulden. Auch Schenkungen des Verstorbenen während der letzten zehn Jahre und alle Schenkungen an den Ehegatten des Verstorbenen sind aufzulisten, ebenso Zuwendungen an andere Pflichtteilsberechtigte während der letzten zehn Jahre. Der Pflichtteilsberechtigte kann verlangen, dass er an der Aufstellung des Verzeichnisses beteiligt wird, damit er sich selbst davon überzeugen kann, was alles vorhanden ist. Er oder sie kann auch fordern, dass eine Amtsperson – meist ein Notar – hinzugezogen wird, die darüber wacht, dass das Verzeichnis ordnungsgemäß erstellt wird.

Wertermittlung durch Sachverständige

Anspruch auf Gutachten

Bei größeren Vermögen und schwer einschätzbaren Vermögensteilen hat der Pflichtteilsberechtigte einen Wertermittlungsanspruch. Dies geschieht in aller Regel durch Gutachten von Sachverständigen; die Kosten für die Wertermittlung trägt der Nachlass. Da die Tätigkeit eines Sachverständigen im Einzelfall sehr viel Geld verschlingen kann, lohnt es sich für Erben und Pflichtteilsberechtigte jedoch insbesondere bei kleinen Nachlässen, eine einvernehmliche Lösung zu suchen und so die Kosten für den Sachverständigen zu vermeiden.

Verjährung des Pflichtteilsanspruchs

3-Jahres-Verjährung

Der Anspruch auf den Pflichtteil verjährt normalerweise in drei Jahren. Die Frist beginnt ab dem Tag zu laufen, an dem der oder die Pflichtteilsberechtigte vom Tod des Verstorbenen und der Verfügung, die seinen oder ihren Anteil beeinträchtigt, erfährt (§ 2332 BGB). Wer als Pflichtteilsberechtigter vom Erbfall erfährt und seinen Anspruch rechtzeitig vor Ablauf der Verjährung geltend machen will, muss entweder bei Gericht Klage einreichen oder vom Erben eine rechtsverbindliche Erklärung verlangen (Anerkennung des Pflichtteilsanspruchs). Die bloße Aufforderung zur Zahlung oder zur Anerkennung des Pflichtteilsanspruchs reicht nicht. Die Anerkennung des Erben sollte möglichst schriftlich vorliegen.

Pflichtteilsreform: Änderung des Verjährungsbeginns von Pflichtteilsansprüchen

Nach der zum 1.1.2010 in Kraft tretenden Pflichtteilsreform beginnt die Verjährung von Pflichtteilsansprüchen erst mit dem Ende des Kalenderjahres, in dem der Pflichtteilsanspruch entstanden ist und der Pflichtteilsberechtigte davon Kenntnis erlangt hat.

Stundung des Pflichtteilsanspruchs

Stundung selten möglich

Der Anspruch auf den Pflichtteil entsteht mit dem Erbfall und ist sofort fällig. Das kann für die Erben sehr hart sein und sie unter Umständen dazu zwingen, Sachwerte zu verkaufen. In solchen Fällen besteht die Möglichkeit, den Pflichtteilsanspruch zu stunden (§ 2331a BGB); der Erbe kann die Stundung beim Nachlassgericht beantragen.

Pflichtteilsreform: Erweiterung der Pflichtteilsstundungsmöglichkeiten

Die derzeitigen Möglichkeiten, die Stundung eines Pflichtteilsanspruchs gemäß § 2331a Abs. 1 BGB zu erreichen, sind relativ gering: Der Erbe muss selbst zum Kreis der Pflichtteilsberechtigten gehören und die Erfüllung des Pflichtteilsanspruchs für ihn eine „ungewöhnliche Härte" bedeuten. Die Pflichtteilsreform will auf das in der Praxis bestehende große Bedürfnis nach einer Pflichtteilsstundung Rücksicht nehmen und die Stundungsgründe maßvoll erweitern. Anstelle der „ungewöhnlichen Härte" genügt in Zukunft bereits eine „unbillige Härte". Künftig kann jeder Erbe die Stundungsregelung in Anspruch nehmen, auch dann, wenn er nicht zum Kreis der pflichtteilsberechtigten Personen gehört.

Anhang: Die Erbschaftsteuerklassen und -freibeträge

Die Erbschaftsteuerfreibeträge und die Erbschaftsteuertarife nach der Erbschaftsteuerreform 2009 ergeben sich aus den nachfolgenden Tabellen:

Steuerklasse	Erwerber	Persönlicher Freibetrag
I	Ehegatte	€ 500.000
I	Kind Stiefkind Enkel, falls Eltern verstorben	€ 400.000
I	Enkel Urenkel	€ 200.000
I	Eltern und Großeltern im Erbfall	€ 100.000
II	Eltern und Großeltern bei Schenkung Geschwister; Neffen; Nichten Stiefeltern Schwiegerkinder; Schwiegereltern geschiedener Ehegatte	€ 20.000
III	eingetragene, gleichgeschlechtliche Partnerschaften	€ 500.000
III	alle übrigen, insbesondere Paare ohne Trauschein	€ 20.000

Erbschaftsteuertarif			
Erwerb bis einschl. Euro	%-Satz in der Steuerklasse		
	I	II	III
75.000	7	30	30
300.000	11	30	30
600.000	15	30	30
6.000.000	19	30	30
13.000.000	23	50	50
26.000.000	27	50	50
über 26.000.000	30	50	50

Stichwortverzeichnis

Weitere Titel

Wolfgang Jüngst
Ihr Recht als Mieter
Vom Mietvertrag bis zur Kündigung – was Sie dürfen, was Sie müssen
ISBN 978-3-7093-0246-0
2009, 200 Seiten
EUR 9,90 (D)/EUR 10,20 (A)

Michael Schröder
Scheidung – aber fair
Sorgerecht, Unterhalt, Umgangsrecht. Es geht auch friedlich, wenn die Vernunft siegt.
ISBN 978-3-7093-0272-9
2. Auflage 2009, 176 Seiten
EUR 9,90 (D)/EUR 10,20 (A)

Andreas Heiber
Die neue Pflegeversicherung
Der Antrag – die Pflegestufen – die Leistungen: Ihre neuen Möglichkeiten und Chancen
ISBN 978-3-7093-0237-8
2008, 192 Seiten
EUR 9,90 (D)/EUR 10,20 (A)

Eva Schmitz-Gümbel/
Karin Wistuba
Erfolgreich zum Traumjob
Coaching zur Berufswahl für Eltern und Schüler
ISBN 978-3-7093-0213-2
2008, 168 Seiten
EUR 9,90 (D)/EUR 10,20 (A)

Astrid Congiu-Wehle/Joachim Mohr
Das neue Unterhaltsrecht
Wie viel bekomme ich? Wie viel muss ich zahlen?
ISBN 978-3-7093-0229-3
2008, 168 Seiten
EUR 9,90 (D)/EUR 10,20 (A)

Karin Spitra/Ulf Weigelt
Ihr Recht als Arbeitnehmer
Vom Vorstellungsgespräch bis zur Kündigung – was darf der Chef?
ISBN 978-3-7093-0218-7
2008, 192 Seiten
EUR 9,90 (D)/EUR 10,20 (A)

Wolfgang Jüngst/Matthias Nick
Arbeiten und Leben im Ausland
Auswandern oder Überwintern: alle wichtigen Informationen. Mit 10 Länderkapiteln von Schweiz bis USA.
ISBN 978-3-7093-0214-9
EUR 9,90 (D)/EUR 10,20 (A)

Rudolf Stumberger
Hartz IV
Das aktuelle Gesetz mit den neuen Regelungen. Mit verständlichen Erklärungen zum Ausfüllen des Antrags.
ISBN 978-3-7093-0224-8
3. Auflage 2008, 152 Seiten
EUR 9,90 (D)/EUR 10,20 (A)

Tibet Neusel/Sigrid Beyer/Kathrin Arrocha
Immobilienkauf
Haus oder Wohnung – Alles über Finanzierung, Recht und Steuern
ISBN 978-3-7093-0195-1
2008, 190 Seiten
EUR 9,90 (D)/EUR 10,20 (A)

Andrea Erdmann/Andreas Kobschätzky
Erfolgreich bewerben
Von der systematischen Vorbereitung zum souveränen Bewerbungsgespräch und fairen Arbeitsvertrag
ISBN 978-3-7093-0187-6
2008, 176 Seiten
EUR 9,90 (D)/EUR 10,20 (A)

Hans-Herbert Holzamer
Optimales Wohnen und Leben im Alter
Alle Wohnformen im Überblick – alle staatlichen Förderungen – Checklisten und Adressen
ISBN 978-3-7093-0196-8
2008, 176 Seiten
EUR 9,90 (D)/EUR 10,20 (A)

Ralph Jürgen Bährle/ Susanne Hartmann
Nebenjobs
Minijobs und die 400-Euro-Regel – Ein Wegweiser zum sicheren Zusatzverdienst
ISBN 978-3-7093-0139-5
2007, 160 Seiten
EUR 9,90 (D)/EUR 10,20 (A)

Armin Abele/ Bernhard Klinger/ Thomas Maulbetsch/ Joachim Müller
Partnerschaft ohne Trauschein
Alle wichtigen Rechtsfragen
ISBN 978-3-7093-0096-1
2007, 184 Seiten
EUR 9,90 (D)/EUR 10,20 (A)

Frank Donovitz/Joachim Reuter/Lorenz Wolf-Doettinchem
Das 1x1 der Altersvorsorge
In sechs Schritten zu mehr Wohlstand in der Rente
ISBN 978-3-7093-0150-0
2007, 152 Seiten
EUR 9,90 (D)/EUR 10,20 (A)

Frank Donovitz/Elke Schulze
Richtig versichern
Welche Versicherung Sie jetzt brauchen und welche Sie sich sparen können.
ISBN 978-3-7093-0175-3
2007, 144 Seiten
EUR 9,90 (D)/EUR 10,20 (A)

Ulrike Fokken
Ihre private Ökobilanz
So sparen Sie Energie und Kosten und schonen die Umwelt.
ISBN 978-3-7093-0181-4
2007, 192 Seiten
EUR 9,90 (D)/EUR 10,20 (A)

Wolfgang Jüngst/Matthias Nick
Wenn der Nachbar nervt
Rechte und Pflichten in der Nachbarschaft
ISBN 978-3-7093-0174-6
2007, 160 Seiten
EUR 9,90 (D)/EUR 10,20 (A)

Tibet Neusel/Kathrin Arrocha/Sigrid Beyer
Kinder, Geld und Steuern
Das neue Elterngeld – Steuern sparen für Familien – Klug vorsorgen. Viele praktische Tipps und Rechenbeispiele.
ISBN 978-3-7093-0164-7
2. Auflage 2007, 192 Seiten
EUR 9,90 (D)/EUR 10,20 (A)

Inken Wanzek/Christine Rosenboom
Arbeitsplatz in Gefahr – Das sind Ihre Rechte
Kündigung – Beschäftigungsgesellschaft – Aufhebungsvertrag – Mobbing – Trennungsgespräche
ISBN 978-3-7093-0152-4
2007, 240 Seiten
EUR 14,90 (D)/EUR 15,40 (A)

Tibet Neusel/Kathrin Arrocha/Sigrid Beyer
Neue Renten- und Pensionsbesteuerung
Das Alterseinkünftegesetz – Absatzmöglichkeiten – Strafverfolgung vermeiden – Erstattungsansprüche sichern
ISBN 978-3-7093-0118-0
2006, 192 Seiten
EUR 9,90 (D)/EUR 10,20 (A)

Eva Schmitz-Gümbel/Birgit Schönberger
Mein Geld, dein Geld
Finanzratgeber für Paare
ISBN 978-3-7093-0095-4
2006, 160 Seiten
EUR 9,90 (D)/EUR 10,20 (A)

Andreas Vogler/Gerald Reischl
Die 1000-Euro-Firma
Mit wenig Geld zum eigenen Internet-Unternehmen. Konkrete Anleitung zur Gründung und Durchführung.
ISBN 978-3-7093-0125-8
2006, 264 Seiten
EUR 14,90 (D)/EUR 15,40 (A)

Sven Klinger/Joachim Mohr/Wolfgang Roth/Johannes Schulte
Patientenverfügung und Vorsorgevollmacht
Was Ärzte und Bevollmächtigte für Sie in einem Notfall tun sollten.
ISBN 978-3-7093-0089-3
2005, 156 Seiten
EUR 9,90 (D)/EUR 10,20 (A)

Tibet Neusel
Streiten mit dem Finanzamt
Wie Sie als juristischer Laie Ihre Rechte durchsetzen.

ISBN 978-3-7093-0032-9
2004, 208 Seiten
EUR 14,90 (D)/EUR 15,40 (A)